Dieses Buch gehört:

G. ALLKEMPER

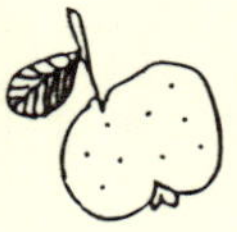

# Ich hab' Dich zum Fressen gern

## Ein Kochbuch für Verliebte

Illustrationen von Kristin Labuch

HÖLKER VERLAG

## Quellennachweis

Rose Ausländer, „Das Schönste".
aus: Ich höre das Herz des Oleanders. Gedichte 1977-1979
S. Fischer Verlag GmbH, Frankfurt am Main, 1984

Erich Fried, „Dich" und „Warum"
aus: „Liebesgedichte"
Verlag Klaus Wagenbach, Berlin, 1979

Erich Fried, „Was es ist"
aus: „Als ich mich nach dir verzehrte"
Verlag Klaus Wagenbach, Berlin, 1990

Joachim Ringelnatz, „Ein Herz laviert nicht" und „Essen ohne dich"
aus: „und auf einmal steht es neben dir"
Diogenes Verlag AG, Zürich 1994

10 9 8 7
ISBN 3-88117-488-5

Typographie und Gestaltung: Jutta Engelage, Kristin Labuch
Druck: Proost N.V., Turnhout

Printed in Belgium

# Inhalt

# Vorwort

Rezepte für Verliebte? Ein widersinniges Unternehmen, da doch Verliebte bekanntlich nur von Luft und Liebe leben! Aber von Luft und Liebe allein kann sich keiner lange ernähren. Dann meldet sich der Magen, und dabei gilt immer noch die uralte Weisheit, daß die Liebe durch den Magen geht. Was kann verführerischer sein als eine Einladung zur trauten Zweisamkeit bei köstlichen Gerichten?

Von allen Künsten sind die Kochkunst und die Liebeskunst am engsten miteinander verwandt. Keine andere zielt wie diese beiden auf alle menschlichen Sinne zugleich, will wohltun und verwöhnen und empfindet höchsten eigenen Genuß im Aufspüren, Wecken und Stillen der geheimsten Wünsche des geliebten Gegenübers. Ihren Höhepunkt findet die Verbindung beider Künste im Liebesmahl, so wie es uns schon seit ältester Zeit in Sagen und Bildern überliefert ist.

Sinnlichkeit und (Gaumen-)Kitzel, Lust und Verführung, (Liebes-)Hunger und Erfüllung wirken beim Essen wie beim Lieben zusammen, und in der Kombination von beidem liegt für den echten Genießer das höchste Glück. Deshalb sollen die hier zusammengetragenen Gerichte Gaumen und Herz gleichermaßen anregen, damit jede Begegnung zu einem Erlebnis wird und zu zärtlicher Vertrautheit beiträgt. Dabei achten der begnadete Liebeskoch und die geübte Liebesköchin auf die sorgfältige Auswahl und Menge der Zutaten - denn vielen Nahrungsmitteln und Gewürzen werden seit altersher geheime Kräfte zugesprochen, die dazu geeignet sind, den Geliebten feuriger, die Geliebte zärtlicher, den Reiz stärker und das Vermögen dauerhafter zu machen. Belebende Zutaten sollen eine aphrodisierende Wirkung erzielen.

Die Griechen und Römer, die die Liebesgöttin Aphrodite besonders verehrten, verstanden sich bestens darauf, die aphrodisierenden Wirkungen in der Kochkunst gezielt einzusetzen. Sie wußten, wie man die Liebsten mit anregenden Genüssen fesseln konnte.
Wer aber war Aphrodite, daß sie solche Macht ausstrahlte? Die Sagen der griechischen Götter berichten von ihr als einer Tochter des Zeus, als Göttin der Schönheit und der Liebe. Aus ihren wechselvollen Liebesbeziehungen erwuchs Eros, der Knabe, der mit Liebespfeilen die „Opfer" betörte. Bei den Römern wurde sie als „Venus" mit ihrem Sohn Amor verehrt. Sie war auch wegen ihrer Raffinesse, mit der sie ihre Liebhaber fesselte, berühmt.
Da ein gelungenes Mahl immer zum Wohlbefinden gehört, stellten sich mit der Zeit bestimmte Gerichte als liebesfördernd heraus. Die Zutaten, die sogenannten Aphrodisiaka, waren besonders im Orient sehr bekannt.
Die Lehrer der Heilkunst, die Kräuterweiber und Köche kannten sich bestens aus. Gewürze, frische Kräuter, Fische und Schalentiere, besonders gewürztes Lammfleisch, Wild und Geflügel besaßen ihrer Meinung nach himmlische Kräfte. Aber auch bei Eiern, Nüssen, Obst und frischem Gemüse waren sie sich der Wirkung bewußt. Heute versuchen wir, die Kunst des Verführens und Berauschens mittels dieser Aphrodisiaka zu lernen und zu vervollkommnen. Auf den folgenden Seiten finden Sie Rezepte, die gut gewürzt, vielfältig, leicht und aufbauend sind.
In diesem Sinne: Aphrodite läßt grüßen!

Januar 1997

Gisela Allkemper

Gisela Allkemper

# Frühstück im Bett

So richtig nett, so richtig nett, so richtig nett ist es im Bett.
Mit einem Frühstück im Bett läßt sich jeder gerne verwöhnen. Bevor Sie sich wieder in Ihre Kissen kuscheln, arrangieren Sie liebevoll auf einem großen Tablett alles, was dazugehört. Ein solches Frühstück wird die Sinne anregen, damit der Tag von Anfang an zu einem besonderen Erlebnis wird.

Begrüßungscocktail
Paradiesische Walnußmilch
Süßer Rausch
Vanillequark
Eier im Glas mit Joghurtsauce
Liebhaber-Ecken

## Begrüßungscocktail

Danach fühlen Sie sich bestimmt wie im siebten Himmel!
Lukull selbst, der für seinen Tafelluxus berühmt gewordene römische Feldherr, war es, der für seine Obstgärten die Kirsche aus der pontischen Stadt Kerasus nach Europa einführte.

*200 g Erdbeeren*
*200 g Sauerkirschen*
*2 EL Zucker*
*1 Schnapsglas Grenadinesirup*
*1 Schnapsglas Kirschlikör*
*¼ l Eistee*
*1 Pikkoloflasche Sekt*

Früchte waschen, säubern und zuckern. Sauerkirschen entsteinen. Saft ziehen lassen. Danach leicht zerdrücken oder mit dem Mixstab kurz zerkleinern. Fruchtfleisch mit den anderen Zutaten zusammen in eine Karaffe geben, umrühren und nicht zu kalt servieren.

**Tip:** Daneben bieten sich als Getränk alle Sorten Kaffee und Tee an.

# Paradiesische Walnußmilch

Die Walnuß zählt zu den besonders schmackhaften und nahrhaften Nüssen. Walnußbäume gibt es schon seit Urzeiten auf unserem Planeten. Wildwachsende Bäume finden sich vorwiegend in Südosteuropa und Kleinasien. Bei den Römern galten Walnüsse als Luxusartikel. Sie aßen sie als Dessert oder verwendeten sie bei Fruchtbarkeitsriten.
Probieren Sie diese Walnußmilch. Sie ist wahrhaft ein Liebeselixier!

*100 g frische Walnüsse*
*½ l Milch*
*2 EL Akazienhonig*

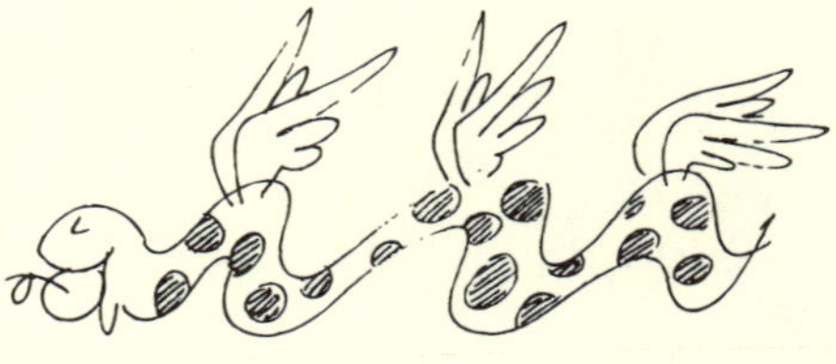

Die frischen Walnüsse häuten und sehr fein mahlen. Bei kleiner Hitze in der Milch ziehen lassen. Zum Schluß mit Honig süßen.
Das Getränk gibt Kraft und Energie für den ganzen Tag!

## Süßer Rausch

Diese süße Leckerei mit all ihren aphrodisierenden Zutaten ist ein Geschmackserlebnis der besonderen Art. Nicht umsonst bauen viele Liebespräparate des Orients auf Honig und Schokolade auf!

*2 Scheiben Ananas, frisch oder aus der Dose*
*1 große Banane*
*½ EL Zitronensaft*
*1 rohes Eigelb*
*1 EL Blüten- oder Akazienhonig*
*2 EL Rum*
*2 EL grob geriebene dunkle Schokolade*

Die Banane zerdrücken und mit dem Zitronensaft schaumig rühren. Eigelb, Honig und Rum hineinschlagen.
Auf zwei Glasteller je eine Scheibe Ananas legen. Bananenmus in einen Spritzbeutel füllen und bergartig in den Ananasring spritzen. Dick mit Schokoladenraspeln überstreuen.

Oder wahlweise, wenn Sie weniger Zeit zum Vorbereiten haben:

Vollkorn- oder normale Brötchen aufbacken, mit Butter bestreichen, auf einen Teller legen und dazu Minigläser oder kleine Schälchen mit verschiedenen Marmeladensorten stellen.

# Vanillequark

Wenn auch die aphrodisierende Wirkung der Vanille nur gering ist, so wiegt ihr einzigartiges Aroma diese kleine „Schwäche“ auf.

*125 g Quark (20% Fett)*
*2-3 EL Milch oder Sahne*
*½ TL Zucker*
*Mark einer Vanilleschote*

Alle Zutaten cremig rühren und in ein kleines Schälchen füllen.

Jetzt kommen wir zu den Rezepten für alle, die das Deftigere bevorzugen oder gerne etwas Herzhaftes neben Süßem auf ihrem Frühstückstablett sehen möchten.

## Eier im Glas

*2 Eier*
*etwas Butter*
*frisch gemahlener Pfeffer aus der Mühle*
*Salz*

Zwei Cocktailgläser ausbuttern. In jedes Glas ein Ei schlagen, mit Pfeffer und Salz würzen. Ein Butterflöckchen daraufgeben. In der Mikrowelle bei 400 Watt 2–3 Minuten stocken lassen.
Sofort mit folgender Sauce servieren:

## Joghurtsauce

Der scharfe Reiz des Pfeffers ist seit langem bekannt und die roten Pfefferbeeren sind ein Genuß für sich.

*1 Becher Vollmilchjoghurt*
*1 EL Sahne*
*etwas Zitronensaft*
*1 EL rote Pfefferbeeren*
*1 Prise Salz*
*½ Zwiebel, feingehackt*
*½ Päckchen TK 7-Kräuter oder frische Kräuter*

Joghurt mit Sahne und Zitronensaft schaumig schlagen. Mit den übrigen Zutaten vermengen und herzhaft abschmecken.

## Seit ich ihn gesehen

Seit ich ihn gesehen,
Glaub ich blind zu sein;
Wo ich hin nur blicke,
Seh' ich ihn allein;

Wie im wachen Traume
Schwebt sein Bild mir vor,
Taucht aus tiefstem Dunkel
Heller nur empor.

Sonst ist licht- und farblos
Alles um mich her,
Nach der Schwestern Spiele
Nicht begehr' ich mehr,

Möchte lieber weinen
Still im Kämmerlein;
Seit ich ihn gesehen,
Glaub' ich blind zu sein.

Adalbert von Chamisso

## Liebhaber-Ecken

Mmh, das weckt die Lebensgeister auch des schlaftrunkensten Liebhabers!

*2 Scheiben Vollkorntoast*
*125 g geräucherte Schinkenleberwurst*
*1 EL grüner Pfeffer*
*2 EL trockener Sherry*
*2 Kirschtomaten*

Brot toasten. Leberwurst mit Pfeffer und Sherry verkneten. Brot diagonal in Dreiecke schneiden und Leberwurstpaste wie Pyramiden auf das Toastbrot streichen. In die Spitze eine halbe Kirschtomate drücken.

**Tip:** Wenn Ihr Schatz Vegetarier ist oder Sie einfach einmal Lust auf eine Frühstücksvariante haben, dann probieren Sie doch folgendes:

Zwei Scheiben Toastbrot toasten und Olivenöl darauf träufeln. Mit Mozzarella und Tomaten oder wahlweise Feigen und Tomaten belegen. Mit Salz, Pfeffer, Kräutern der Provence oder frisch gezupften Basilikumblättern würzen. Schmeckt warm und kalt.

# Brunch für Verliebte

Zu den festen Bestandteilen eines Frühstücksbuffets zählen Kaffee, Tee, Milch, Brot, Brötchen, Butter, verschiedene Marmeladen, Honig, Müsli, frisches Obst, Eier und eine Auswahl an leckeren Wurst- und Käsesorten.

Damit der Tag mit etwas ganz Besonderem beginnt, bereichern Sie das übliche Frühstücksbuffet mit aphrodisierenden Speisen, die reichlich Proteine, Vitamine und verschiedene Mineralstoffe enthalten. Das weckt alle müden Lebensgeister und sorgt für gute Stimmung.

Vitaminstößchen
Café Brulôt
Exotischer Tee
Süße Quarkbrötchen
Joghurt für Süßschnäbel
Früchtekuchen aus dem Orient
Herzhaftes Rührei
Artischockenpizza
Bunter Quark
Liebesbrötchen
Käse-Obst-Salat
Endloses Liebesbrot
Käse-Trüffel

## Vitaminstößchen

Das weckt verschlafene Gemüter und gibt Schwung für den Tag.

*1 große Orange*
*½ Grapefruit*
*2 EL Ananassaft*
*1 zerdrückte Kiwi*
*einige Tropfen Zitronensaft nach Geschmack*

Orange und Grapefruit frisch auspressen, mischen, nach Wahl mit einigen Tropfen Zitronensaft verquirlen. In hohe Gläser füllen. Diese mit einer Scheibe Orange oder Zitrone verzieren und mit einem Trinkhalm servieren.

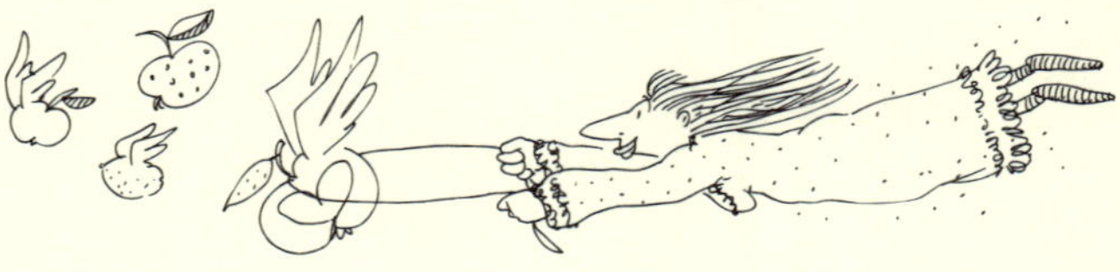

## Café brulôt

Die anregende Wirkung von Kaffee ist hinreichend bekannt. Aber dieser Café brulôt hat es in sich. Zimt gilt als ein besonderes Aphrodisiakum, das die Lustlosigkeit vertreibt. Gewürznelken und Cognac runden das Getränk ab und geben ihm das gewisse Etwas. Das wird Ihnen ordentlich einheizen.

*4 Stück Würfelzucker*
*2 Gewürznelken*
*1 Zimtstange (ca. 3 cm)*
*abgeriebene Schale von 1 Zitrone*
*4 cl Cognac*
*2 Tassen sehr starker Kaffee*

Zucker, Nelken, Zimt und Zitronenschalen in einem kleinen Topf mischen. Den Cognac darübergießen und mit Kaffee auffüllen. Auf dem Herd 2 Minuten lang durchziehen lassen. Durch ein Sieb in die Tassen gießen und sofort trinken.

# Exotischer Tee

Diesen Tee werden Sie vor allem in der kalten Jahreszeit genießen, denn er wärmt so richtig schön von innen!
Ingwer wird in China schon seit über 3000 Jahren geschätzt. Er hat einen besonderen, pikanten Geschmack und bringt das Blut in Wallung.

*1 Kanne (ca. 4 Tassen) starker schwarzer Tee*
*2 EL zerkleinerter Ingwer (in Sirup oder kandiert)*
*1 kleine Karaffe Rum*
*1 Schälchen Kandiszucker*

Den heißen Tee auf einem Stövchen warm halten. Alle Zutaten in verschiedenen Schälchen auf einem Tablett plazieren, damit jeder sie nach Geschmack mischen kann.
Statt des Ingwers können Sie auch andere kandierte Früchte wie Kirschen, Ananas, Orangen, Zitronen oder Rosinen bereitstellen. Bei der Zugabe des Kandis beachten, daß die Früchte bereits gezuckert sind!

# Süße Quarkbrötchen

Wenn Ihr Schatz das Süße liebt, werden Sie mit diesen Brötchen bestimmt seine Begeisterung hervorrufen. Frisch gebacken schmecken sie natürlich am besten, aber Sie können sie auch einfrieren und dann nach Bedarf im Ofen aufbacken.

*200 g Weizenmehl*
*½ Päckchen Backpulver*
*125 g Magerquark*
*3 EL Milch*
*1 Ei*
*4 EL Öl*
*30–50 g Zucker*
*1 Päckchen Vanillezucker*
*1 Prise Salz*

Backofen auf 180 °C, Heißluft 160 °C, Gas Stufe 3–4 vorheizen.
Backpulver unter das Mehl rühren. Die übrigen Zutaten gut verrühren und nach und nach das Mehl dazugeben und verkneten. Wenn der Teig zu klebrig ist, noch Mehl hinzufügen. Faustgroße Brötchen formen und auf ein gefettetes oder mit Backpapier ausgelegtes Blech geben. Im Backofen 15-20 Minuten backen.

**Tip:** Sehr lecker dazu schmecken Butter und Marmelade.
Nach Geschmack können auch Rosinen unter den Teig gemengt werden.

# Weckt den Schlemmer aus dem Schlummer

## Joghurt für Süßschnäbel

*2 Mandarinen*
*250 g Vollmich-Joghurt, natur*
*2 EL Sahne*
*1 EL Zucker*
*1 TL Vanillezucker*
*50 g Mandelblättchen*
*1 EL Rosinen*
*1 TL Ingwer in Sirup*
*2 EL Zimtzucker*
*1 EL Butter*

Mandarinen schälen, filetieren und in zwei hohe, schöne Gläser verteilen. Joghurt mit Sahne und Zucker schaumig rühren und darüberfüllen. Butter in einer Pfanne zerlassen. Ingwer klein hacken und zusammen mit Mandeln und Rosinen in die Pfanne geben. Zimtzucker darüber streuen und so lange schmelzen, bis die Mandeln goldgelb sind. Auf einer Alufolie auskühlen lassen. Kurz vor dem Servieren den Joghurt damit verzieren.

# Früchtekuchen aus dem Orient

Diesen Kuchen zu backen, macht etwas Arbeit. Aber Verliebte scheuen keine Mühe. Und es lohnt sich, denn ganz gleich, ob der Kuchen in Stücke geschnitten oder als Kleingebäck gereicht wird – er ruft immer große Begeisterung hervor. Er sollte einige Tage vor dem Verzehr gebacken werden, damit er so richtig durchziehen kann. Und dadurch haben Sie am Morgen selbst mehr Zeit für Ihre/n Liebste/n.
Die aphrodisierende Wirkung von Nüssen ist seit langem bekannt. Bei den Griechen und Römern warf man Walnüsse wie heute Reis bei Hochzeiten, um dem liebenden Paar Fruchtbarkeit und Glück zu wünschen.
Datteln werden im Orient gerne als Zutaten für süße Backwaren verwendet. Und Schokolade baut nicht nur Streß ab, sondern erzeugt Glücksgefühle. Diese süße Leckerei wirkt durch ihren Gehalt an Koffein und Theobromin wie eine Droge auf das zentrale Nervensystem, das verantwortlich ist für die Höhen und Tiefen der Liebe.

*200 g Butter*
*200 g Mehl*
*5 Eier*
*1 Prise Salz*
*200 g Zucker*
*2 EL Kakao*
*200 g kandierte Kirschen*
*50 g Zitronat*
*50 g Orangeat*
*200 g gemahlene Nüsse*
*je ½ TL Kardamom, geriebener Ingwer, Muskatnuß*
*abgeriebene Schale einer Zitrone*
*abgeriebene Schale einer Orange*
*400 g getrocknete Früchte (Pflaumen, Birnen, Apfelringe, Aprikosen, Feigen, Datteln)*
*100 g grob gehackte Schokolade*

*Zum Tränken:*
*5 EL Whisky oder Rum*
*1 Päckchen Vanillezucker*
*1 TL Puderzucker*
*1 TL Pulverkaffee*

*Guß:*
*200 g Schokoladenglasur*

*Zum Verzieren:*
*Belegkirschen, Mandeln oder Walnüsse*

Backofen auf 150 °C, Heißluft 130 °C, Gas Stufe 2 vorheizen.
Getrocknete und kandierte Früchte würfeln. Butter schaumig schlagen. Abwechselnd Zucker, Eier, Mehl, Salz, Backpulver und Kakao darunter rühren. Zuletzt die Früchte, Gewürze, Nüsse und Schokolade dazugeben. Teig in eine gefettete Backform füllen und im vorgeheizten Backofen 1–1 1/2 Stunden backen. Stäbchenprobe!
Kaffee, Zucker und Whisky mischen. Den Kuchen mit einem Stäbchen mehrfach einstechen. Die Flüssigkeit über den heißen Kuchen gießen. Abkühlen lassen. Den kalten Kuchen mit Schokoladenglasur überziehen und nach Geschmack verzieren.

**Tip:** Besonders beziehungsreich ist diese orientalische Leckerei, wenn sie in einer Herzform gebacken und auf einem Spitzendeckchen serviert wird. Zum Glasieren eignen sich auch bunte Zuckergußfarben (Fertigprodukte). Damit können Sie Ihrer Liebesphantasie freien Lauf lassen.
Da der Kuchen stark sättigt, empfiehlt es sich, nur dünne Scheibchen abzuschneiden.

# Herzhaftes Rührei

Wissenschaftler bezweifeln zwar die positive Wirkung von Eiern auf das Liebesleben, aber die erotische Literatur Griechenlands und Roms enthält unzählige Hinweise auf die anregenden Qualitäten der Eier in Speisen und Liebesmitteln. Probieren Sie selbst! Dieses Gericht gibt auf jeden Fall Kraft für den Tag und animiert zu kühnen Taten.

*2 Eier*
*2 EL Sahne*
*1 Prise Salz*
*1 EL Butter oder Margarine*
*1 EL Schinkenwürfel*
*1 kleine Zwiebel, gewürfelt*
*1 EL gehackte Petersilie*
*1 Fleischtomate*

Eier mit Sahne und Salz verquirlen. Tomate kreuzweise einschneiden, heiß abbrühen, häuten und das weiche Kerngehäuse herausschälen. Tomatenfleisch klein würfeln.
Fett in der Pfanne zerlassen. Zwiebel- und Schinkenwürfel kurz darin anbraten. Eiermasse und Tomatenwürfel dazugeben. Umrühren, wenn die Eier zu stocken beginnen. Petersilie dazugeben. Wieder umrühren und flaumig weich servieren.

**Tip:** Sehr lecker und stärkend ist folgende Variante: Bratkartoffeln braten und das Eiergemisch wie oben darübergießen und stocken lassen. Nach Geschmack mit Paprikawürfeln anreichern.

# Artischockenpizza

Wenn Sie diese Pizza gegessen haben, werden Sie verstehen, warum die Straßenverkäufer in der Provence früher immer ausriefen:

„Artischocken! Artischocken! Sie erhitzen Leib und Seel!"

Die Artischocke galt in Frankreich lange als Liebesdistel und wurde Frauen empfohlen, die sich männlichen Nachwuchs wünschten. Aphrodisisch oder nicht – sinnenfroh jedenfalls wird sie verspeist, indem man die Blättchen Stück um Stück ablöst, in eine feine Sauce stippt und genüßlich durch die Zähne zieht.

Für das folgende Rezept verwenden Sie Artischockenherzen aus der Dose.

*150 g TK-Blätterteig*
*Mehl zum Ausrollen*
*6 Cocktailtomaten*
*6 Artischockenherzen*
*6 schwarze Oliven ohne Stein*
*2 EL Ketchup*
*1 Knoblauchzehe*
*Salz*
*1 EL gehackte Petersilie*
*½ TL Oregano*
*2 EL geriebener Parmesankäse*
*1 EL Öl*

Backofen auf 200 °C, Heißluft 180 °C, Gas Stufe 4 vorheizen.
Blätterteig auftauen und auf ausgestäubtem Mehl rund ausrollen. Eine Springform (26 cm) leicht fetten und bemehlen. Teig hineinlegen. Tomaten kreuzweise einschneiden, überbrühen, abziehen und halbieren. Artischockenherzen senkrecht halbieren. Oliven hacken. Ketchup mit der abgezogenen, gepreßten Knoblauchzehe, Salz, Petersilie und Oregano vermengen und auf den Teig streichen. Abwechselnd Tomaten und Artischocken mit der Schnittfläche nach unten auflegen. Oliven dazwischen streuen. Mit Öl befeuchten, mit Parmesan bestreuen. Im Ofen auf der unteren Schiene 30–40 Minuten backen.

# Bunter Quark

*250 g Quark*
*etwas Sahne oder Milch*
*½ gelbe oder rote Paprika*
*1 TL grüner Pfeffer*
*1 kleine Gewürzgurke*
*Salz*
*2 EL kleingehackte Kräuter (Petersilie, Schnittlauch, Zitronenmelisse, Basilikum u. a.)*

Quark mit Sahne oder Milch glatt, aber nicht zu weich rühren. Paprikaschote waschen, abtrocknen und in Würfel schneiden. Gewürzgurke ebenso klein schneiden. Alle Zutaten gut mit dem Quark vermengen und mit Gewürzen pikant abschmecken.

**Tip:** Mit einem Dillsträußchen garniert sieht der Quark besonders appetitanregend aus.

# Liebesbrötchen

*2 Vollkornbrötchen*
*40 g Butter*
*4 Salatblätter*
*200 g Gehacktes (Rind)*
*1 Zwiebel, gewürfelt*
*1 Ei*
*Salz*
*Pfeffer*
*1 TL Kräuter der Provence*
*½ TL mittelscharfer Senf*
*je 2 Tomaten- und/oder Käsescheiben zur Dekoration*

Brötchen waagerecht aufschneiden und mit Butter bestreichen. Salatblätter waschen, trocken tupfen und auf die Brötchenhälften legen.
Das Gehackte mit den übrigen Zutaten verkneten und in einer Pfanne braten. Je nach Geschmack warm oder kalt auf die Salatblätter geben und mit Tomaten- und/oder Käsescheiben garnieren.

# Dich

Dich nicht näher denken
und dich nicht weiter denken
dich denken wo du bist
weil du dort wirklich bist

Dich nicht älter denken
und dich nicht jünger denken
nicht größer nicht kleiner
nicht hitziger und nicht kälter

Dich denken und mich nach dir sehnen
dich sehen wollen
und dich liebhaben
so wie du wirklich bist

Erich Fried

## Käse-Obst-Salat

Eine erfrischende, deftige Delikatesse und kulinarische Empfehlung für Ihren ganz besonderen Liebes-Brunch.

*Einige knackige Kopfsalatblätter*
*100 g Edelpilzkäse*
*2 Mandarinen*
*1/2 Birne*
*1 kleiner Apfel*
*4 in Zwetschgenwasser eingelegte Zwetschgen ohne Stein*
*oder 1 EL Rumtopffrüchte*
*6 Kirschen*
*2 Zweige Petersilie*
*1 Zweig Zitronenmelisse*
*1/2 Zitrone*
*1 EL Orangensaft*
*1 TL Zucker*
*1 Prise Salz*
*Pfeffer*

Salat waschen und trocknen. Eine Platte mit höherem Rand damit auslegen. Käse würfeln oder zerbröseln. Mandarinen schälen und filetieren. Birne und Apfel schälen, Kerngehäuse entfernen und würfeln. Zwetschgen abtropfen lassen und halbieren. Diese Zutaten mit den Kirschen mischen.
Petersilie grob hacken. Zitronenmelisse klein zupfen. Aus Zitronen- und Orangensaft, Zucker, Salz und Pfeffer eine Soße herstellen. Kräuter hinzugeben. Über den Salat gießen, durchheben und auf Salatblättern anrichten.

## Endloses Liebesbrot

Dieses Brot wird lang in die Mitte des hübsch gedeckten Tisches gelegt. Jeder kann nach Geschmack wählen, welchen Teil des vielseitig belegten Baguettes er anknabbern möchte. Ein kulinarisches Vergnügen, unter Umständen auch einmal für größere Runden.

Lachs ist nicht nur ein edler Genuß.
Er wirkt auch animierend auf das Liebesleben.

*1 kleines Baguette (500g)*
*Butter zum Bestreichen*
*8 kleine Salatblätter*
*8 dünne Scheiben ungarische Salami*
*2 EL Fleischsalat*
*4 Scheiben Lachs*

*Mayonnaise aus der Tube oder Lachscreme*
*4 Scheiben Gouda, Butterkäse o.ä.*
*8 Scheiben Roastbeef*
*60 g Schafskäse*
*1 Gewürzgurke*
*1 Zwiebel*
*1 Orange*

Baguette waagerecht halbieren. Von beiden Hälften je 1 Käppchen abschneiden, so daß man das Brot lang zusammensetzen kann. Die obere Hälfte evtl. etwas abflachen, damit sie besser liegen bleibt und nicht kippt. Beide Hälften mit Butter bestreichen und mit Salatblättern belegen. Salamischeiben zu Tüten drehen und mit Fleischsalat füllen. Lachs mit Mayonnaise oder Lachscreme bestreichen und aufrollen. Käsescheiben aufrollen. Roastbeef mit Schafskäse oder Gurkenstreifen füllen und rollen. Baguette bunt belegen. Mit Zwiebelringen, halben Orangenscheiben oder Petersiliensträußchen dekorieren. Auf einer schnittfesten Unterlage auf den Tisch stellen. Unbedingt ein Brötchenmesser dazulegen.

Na, dann man los und guten Appetit!

## Käse-Trüffel

*400 g Rahm-Frischkäse (z.B. Philadelphia, Buko)*
*1 EL süße Sahne*
*2 EL gehackte Petersilie*
*1 TL grüner Pfeffer*
*1 TL Paprikapulver, edelsüß*
*1/4 rote Paprikaschote*
*1 Scheibe gekochter Schinken*
*1 TL gehackte Mandeln*
*1 Ananasscheibe*
*2 Scheiben Pumpernickel*

Frischkäse mit Sahne vermengen. Petersilie einarbeiten. Paprikaschote, Ananas und Schinken fein würfeln. Käsemasse halbieren. In die eine Hälfte Paprikawürfel und grünen Pfeffer kneten. Mit Paprikapulver abschmecken. Die andere Hälfte mit Ananas und gehackten Mandeln vermengen. Vorsicht! Die Ananas ohne den Saft hineingeben, sonst wird der Käse zu weich. Pumpernickel zwischen den Händen zerbröseln.
Aus der Käsemasse mit nassen Händen kleine Bällchen formen. Diese rundum in Pumpernickel wälzen.

**Tip:** Statt Sahne Rum oder Kirschwasser verwenden.

# Picknick im Grünen

Packen Sie in einen großen Korb nur kleine Leckereien, die auch bei Hitze nicht verderben. Wunderbar wäre es natürlich, wenn Sie die Getränke in einem kühlen Bach oder Fluß gut temperiert halten können. Oder Sie legen alles in eine Kühlbox. Denken Sie auch an eine oder mehrere große Decken, Geschirr, Besteck, Gläser und Servietten. Die Gerichte geben Sie für den Transport am sinnvollsten in gut verschließbare Behälter, Gläser, Tupperbecher o. ä., damit nichts auslaufen kann.
In der freien Natur unter schattigen Bäumen oder an einem sanft plätschernden Gewässer können Sie wunderbar entspannen und sich erholen. Die Gerichte sollten leicht, aber herzhaft bis scharf gewürzt ausfallen.

Wichtig: Den Champagner nicht vergessen!

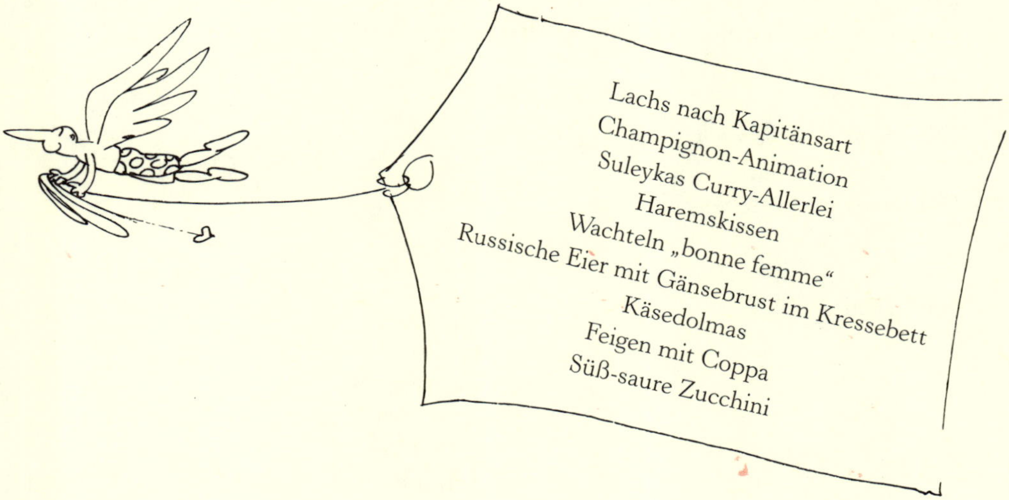

## Lachs nach Kapitänsart

Kapitäne wissen, welche Fischgerichte zu den kulinarischen Höhepunkten gehören. Ein besonderer Genuß ist wilder Lachs, der den größten Teil seines Lebens in den Tiefen des Meeres verbracht hat und von dem eine unwiderstehlich aphrodisierende Wirkung ausgeht.

*8 Scheiben Räucherlachs*
*2 EL Forellenkaviar*
*2 EL gesalzene, geschlagene Sahne*
*1 TL Dillspitzen*
*1 Spritzer Zitronensaft*
*2 Brötchen*
*40 g Butter*

Kaviar, Dill und Zitronensaft unter die geschlagene Sahne heben.
Auf jede Lachsscheibe etwas Füllung streichen. Zu Tüten rollen, die mit Cocktailspießen zusammengehalten werden.
Brötchen wie ein Brot in Scheiben schneiden. Die acht größten mit Butter bestreichen und mit je einem Röllchen belegen.

**Tip:** Ist mit Petersilie oder Apfelsegmenten hübsch anzurichten. Lassen Sie die Sektkorken knallen und stoßen Sie bei dieser Gelegenheit an.

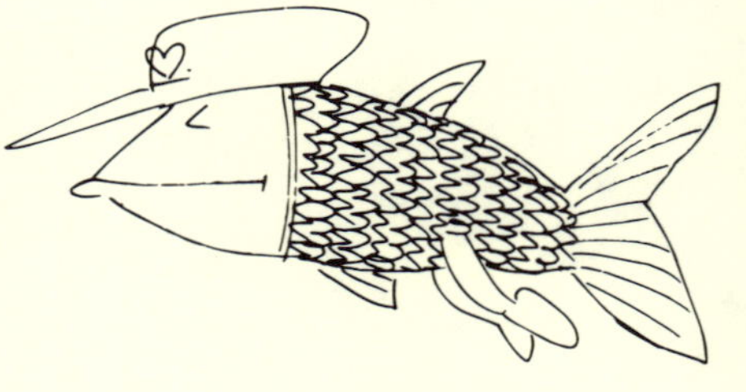

## Champignon-Animation

Champignons zählen zu den besten Speisepilzen, vor allem, wenn sie wild gewachsen und nicht gezüchtet sind. Roh gegessen entfalten sie am besten ihre animierende Wirkung.

*250 g frische Champignonköpfe*
*2 EL trockener Weißwein*
*4 EL kalt gepreßtes Öl*
*1 Tropfen Chilisauce*
*1 Prise Zucker*
*Pfeffer*
*Salz*
*etwas Zitronensaft*

Champignonköpfe putzen, in Scheiben schneiden und in eine Schüssel legen. Weißwein, Öl, Chilisauce und Gewürze mischen und darüber geben. 3 Stunden kalt stellen und ziehen lassen.

# Suleykas Curry-Allerlei

Reis, Paprika und Walnußöl sind exzellente Kraftspender, da sie reich an Proteinen, Vitaminen und Mineralstoffen sind. Sie können diesen anregenden Salat auch noch mit geblätterten frischen Champignons und Käsewürfeln anreichern.

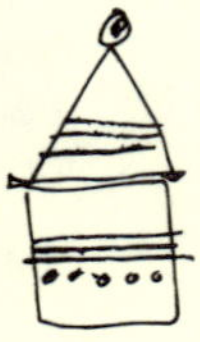

*1 Tasse Langkornreis*
*1 EL Butter*
*1 EL Currypulver*
*2 Tassen Brühe*
*2 frische Mandarinen (oder 3 Ananasscheiben aus der Dose)*
*½ rote Paprika*
*2 EL gehackte Mandeln*

*Sauce:*
*1 EL Sherry*
*1 EL Wasser*
*2 EL Walnußöl*
*1 TL Zitronensaft*
*Salz*
*Zucker*
*1 EL Schnittlauchröllchen*

Butter in einem Topf zerlassen. Reis waschen, bis das Wasser klar bleibt. In der Butter anrösten, mit Curry bestäuben und unter Rühren ½ Minute weiter rösten. Mit Brühe ablöschen. Reis ausquellen lassen. Mandeln in Butter rösten.
Zutaten für die Sauce verschlagen. Mandarinen schälen und filetieren. Segmente halbieren und in die Sauce geben. (Oder wahlweise Ananas klein schneiden). Paprikaschote waschen und ebenfalls würfeln. Alle Zutaten mischen und gut durchziehen lassen.

## Haremskissen

Schon im Mittelalter galten junge Hähnchen, in Butter gebraten, als kulinarisches Ereignis. Auch heute noch ist Hähnchenfleisch sehr beliebt, und Brustfilets sind natürlich besonders zart und köstlich.
Die Haremskissen können Sie auch schon am Tag zuvor vorbereiten, damit Sie beim Picknick entspannt auf Ihr Kissen bzw. Ihre Decke sinken können.

*4 Scheiben TK-Blätterteig*
*2 Hähnchenbrustfilets*
*Salz*
*Pfeffer*
*Butter zum Braten*
*4 Scheiben gekochter Schinken*
*4 große Scheiben Gouda*
*1 EL Senf*
*1 Ei*

Backofen auf 225 °C, Heißluft 180–200 °C, Gas Stufe 4 vorheizen.
Blätterteigplatten einzeln etwas größer als die Hähnchenbrustfilets ausrollen. Filets würzen und in Öl rundum leicht braun braten. Zwei der Teigplatten mit je einer Scheibe Schinken und Käse belegen. Das ausgekühlte Fleisch darauf geben und mit Senf bestreichen. Mit je einer Scheibe Käse und Schinken belegen.
Ei trennen und die Ränder der belegten Teigplatten mit Eiweiß bestreichen. Die beiden anderen Teigplatten auflegen und an den Rändern fest andrücken. In Form schneiden, auf ein mit Wasser bespritztes Blech setzen und mit Eigelb bestreichen. Im Backofen 30–40 Minuten backen.

**Tip:** Dazu schmeckt besonders gut die Joghurtsauce (siehe Seite 15). Reichern Sie sie mit gekochten, kleingehackten Eiern an.

Die Haremskissen lassen sich gut in Alufolie verpackt transportieren. Die Sauce lieber extra in ein verschließbares Behältnis füllen.

## Wachteln „bonne femme“

Wachteln zählen nicht nur zum feinsten Wildgeflügel, sie sind auch seit Urzeiten eines der besten Aphrodisiaka. Scheuen Sie sich nicht, sie einmal zu probieren. Sie kommen zum größten Teil aus dem Ausland, wo sie extra für den Verzehr gezüchtet wurden. Wild lebende Wachteln sind rar und deshalb geschützt.

*2 küchenfertige Wachteln (bei starkem Appetit 4 Stück)*
*Salz*
*Pfeffer*
*4 Scheiben fetter Speck*
*1 Glas Weißwein*

Wachteln waschen, trocken tupfen und mit Salz und Pfeffer einreiben. Mit Speck umwickeln. In einer Pfanne anbraten, Wein angießen, Deckel auflegen und 15 Minuten schmoren lassen. Speck abwickeln und nochmals kurz anbraten, damit die Haut schön knusprig wird.
In einer Warmhaltetasche bleiben die Wachteln etwa 2–3 Stunden warm.

**Tip:** Dazu passen besonders gut kernlose Weintrauben und frisches Stangenweißbrot oder deftiges Schwarzbrot.

## Russische Eier mit Gänsebrust im Kressebett

Zum Glück sind Füchse sehr scheue Tiere. In der Dämmerung kann man sie zwar gelegentlich von weitem sehen, aber näher kommen sie in der Regel nicht, so daß Sie keine Angst zu haben brauchen, daß das Lied: „Fuchs, du hast die Gans gestohlen ...“ bei Ihrem trauten Picknick Realität wird.

*1 Tütchen Kressesamen*
*Watte (oder fertige Kressekissen)*
*6 Wachteleier aus dem Glas*
*1 EL Senf*
*12 Scheiben geräucherte Gänsebrust*
*1 Gläschen Kaviar*

Kresse acht Tage vor dem Picknick herstellen. Dazu eine runde Platte mit etwas höherem Rand mit Watte auslegen und diese mit Wasser befeuchten. Samen gleichmäßig dünn auf das Wattebett streuen. Klarsichthülle darüberspannen. Drei Tage an einem temperierten Platz ruhen lassen. Danach die Folie von den gekeimten Samen ziehen, die Platte an einen hellen Ort stellen und feucht halten. Einige Tage später haben Sie das schönste Kressebett. Schneller geht es natürlich, wenn Sie einige Kressekissen kaufen und, in Form geschnitten, auf die Platte legen.
Eier halbieren. Aus sechs Eihälften Dotter herausnehmen und mit Senf glatt rühren. Wieder in die Eihöhlungen füllen. Auf die restlichen Eihälften ein Kaviarhäubchen setzen. Nun abwechselnd Eier und aufgerollte Gänsebrust in das Kressebett legen.

# Käsedolmas

Bei der Empfehlung für die aphrodisische Verwendung von Rosmarin wird seine beruhigende Wirkung hervorgehoben. Wer entspannt ist, kann seine Sinne weit öffnen und sich auf das Geschehen um sich herum voll einlassen.

*10 Weinblätter aus der Dose*
*100 g Frischkäse*
*2 EL Sahne*
*50 g Schinkenwürfel*
*1 Zwiebel*
*2 EL Nüsse, gehackt*
*1 Zweig Rosmarin*

Weinblätter trocken tupfen. Frischkäse mit Sahne glatt rühren. Schinkenwürfel im Mixer noch mehr zerkleinern. Zwiebel schälen und fein würfeln. Rosmarinnadeln vom Zweig zupfen und klein hacken. Alle Zutaten unter die Frischkäsecreme heben. Auf jedes Weinblatt ein wenig Füllung geben. Die Blätter zu Päckchen zusammenfalten und fest andrücken. Mit etwas Öl aus der Dose feucht halten und in einem gut verschließbaren Behälter transportieren.

# Feigen mit Coppa

Feigen durften schon im Orient und im alten Rom bei keinem Liebesgelage fehlen. Sie sind voll im Geschmack und in Verbindung mit Coppa und Pfeffer ein wahrer Genuß. Versuchen Sie, frische Früchte zu bekommen. Je dunkler sie sind, um so schmackhafter.

*4 Feigen*
*50 g Coppa*
*schwarzer Pfeffer aus der Mühle*

Coppa ist auf italienische Art geräuchertes Nackenfleisch vom Schwein. Wie Schinken oder Bündnerfleisch in hauchdünne Scheiben schneiden. Gut gekühlte Feigen nach Geschmack vierteln, pfeffern und dazu servieren.

**Tip:** Dazu paßt frisches Stangenweißbrot.

## Süß-saure Zucchini

Dieses Gericht eignet sich nicht für ein spontanes Picknick, da die Zutaten einige Tage bzw. Stunden ziehen müssen.
Riesige Zucchini-Exemplare sind zwar vom Anblick her ein Erlebnis, aber geschmacklich sind die kleineren vorzuziehen.
Meerrettich heizt durch seine Wirkstoffe so richtig ein. Und Dill besitzt bemerkenswerte aphrodisierende Eigenschaften. Man munkelt, daß Dill von den „Hexen" als Zutat für ihre Zaubergetränke verwendet wurde.

*500 g Zucchini*
*10 g Salz*
*150 g Zucker*
*½ l Weißweinessig*
*15 g frische Ingwerwurzel*
*20 g Meerrettich*
*2 Dolden Dillblüten*
*1 TL Senfkörner*
*2 Schalotten*
*1 TL schwarze Pfefferkörner*
*1 TL Wacholderbeeren*
*2 Lorbeerblätter*

Zucchini waschen, in Stücke schneiden und mit Salz, Zucker und Essig in einen Topf geben. 12 Stunden ziehen lassen. Danach den Essig abgießen, aber auffangen. Zucchini in ein Weckglas mit Schnappverschluß legen. Ingwerwurzel und Meerrettich schälen und in dünne Plättchen schneiden. Essig mit den übrigen Zutaten aufkochen und 10 Minuten leise köcheln lassen. Abkühlen lassen und dann über die Zucchinistücke gießen. Einmal umrühren, damit sich die Gewürze verteilen, und das Glas verschließen. Mindestens zwei Tage durchziehen lassen.

**Tip:** Sie können die Zucchini im Weckglas zum Picknick transportieren.

# Mittagsmenü

Liebe geht bekanntlich durch den Magen. Das sollte bei einem Mittagsmenü zur „Feier des Tages“ berücksichtigt werden, damit es zu einem kulinarischen und sinnlichen Ereignis wird.

Aber auch die Augen essen mit und freuen sich über einen liebevoll gedeckten Tisch, dekorative Extras und ansprechend garnierte Speisen.

Dieses Menü bietet nicht nur Abwechslung, sondern auch eine Steigerung des Geschmackserlebnisses.

## Carpaccio italiano

Die Italiener verstehen etwas von den Sinnesfreuden des Essens. Bei diesem in Italien und darüber hinaus bekannten Gericht kommt das voll zur Geltung. Das sollten Sie sich und Ihrem Schatz nicht entgehen lassen.

*200 g gut abgehangenes Rinderfilet*
*grob gestoßener schwarzer Pfeffer*
*1 EL Himbeer- oder Orangenessig*
*2 EL Wasser*
*2 EL Sonnenblumenöl*
*Salz*
*schwarzer Pfeffer aus der Mühle*
*1 Prise Zucker*
*1 TL rote Pfefferbeeren*
*1 TL Petersilie, gehackt*
*1 TL Schnittlauchröllchen, gehackt*
*1 TL Zitronenmelisse, gehackt*
*1 EL Champignons, fein gewürfelt*

Das Filet muß gut abgehangen sein, es darf nicht mehr bluten! Für einige Zeit ins Tiefkühlfach legen, damit das Fleisch leicht anfriert. So läßt es sich leichter in hauchdünne Scheiben schneiden, die fächerförmig auf eine hübsche Platte oder zwei dekorative Teller gelegt werden. Mit schwarzem Pfeffer aus der Mühle bestreuen. Die übrigen Zutaten gut verrühren und mit dem Fleisch zusammen servieren.

**Tip:** In Scheiben hauchdünn darüber gehobelter Parmesankäse gibt dem Gericht einen besonderen Pfiff. Dazu schmeckt frisches Stangenweißbrot. Wer das Fleisch nicht roh liebt, kann es auch ca. 2 Minuten bei 400 Watt in der Mikrowelle garen, warm mit Marinade beträufeln und sofort servieren.

# Griechischer Salat

Mit diesem Salat und seinen sommerlich frischen Zutaten zaubern Sie ein Stück Urlaubsatmosphäre, was sicher zu einer gelösten und heiteren Stimmung beiträgt.

*4 Flaschentomaten*
*100 g griechischer Schafskäse*
*6 gefüllte Oliven*

*Sauce:*
*1 EL Balsamico-Essig*
*1 EL Wasser*
*1 EL Sherry*
*2 EL Olivenöl*
*1 Prise Salz*
*1 Prise Zucker*
*½ TL bunter Pfeffer*
*2 Zweige Basilikum*

Tomaten kreuzweise einschneiden, heiß überbrühen und abziehen. Stielansatz keilförmig herausschneiden. In Scheiben schneiden und fächerförmig auf zwei Glasplatten verteilen. Schafskäse würfeln oder zerbröckeln. Oliven in Scheiben schneiden und beides darüber geben.
Zutaten für die Sauce gut verrühren und über den Salat gießen.
Basilikumblätter von den Zweigen rupfen und in kleine Stücke zupfen. Bitte nicht schneiden! Als Dekoration auf dem Salat verteilen.

## Forellensuppe

Die Forelle gilt als einer der feinsten Süßwasserfische. Ihr zartes Fleisch zergeht auf der Zunge. Eiweißreich, von köstlichem Eigengeschmack und grätenfrei, kommen die geräucherten Filets Ihren aphrodisischen Absichten entgegen.

*2 geräucherte Forellenfilets*
*1 EL Butter*
*1 Zwiebel, fein gewürfelt*
*1 EL Mehl*
*¼ l Fischbrühe*
*¼ l Weißwein*
*200 g Sahne*
*weißer Pfeffer*
*1 EL Mandelblättchen*
*1 Zweig Dill*

Filets würfeln. Butter in einem Topf zerlassen. Zwiebelwürfel darin anschmoren, bis sie glasig sind, mit Mehl bestäuben und mit Brühe ablöschen. Durchkochen lassen! Mit Weißwein und der Hälfte der Sahne verfeinern und mit Pfeffer abschmecken.
Restliche Sahne steif schlagen. Forellenwürfel in die Suppe geben und ziehen, aber nicht mehr kochen lassen. Die Mandeln in einer Pfanne rösten. Die Hälfte des Dills fein hacken und in die Suppe rühren. Forellensuppe in Tassen füllen und mit geschlagener Sahne, Mandeln und Dill garnieren.

# Rebhuhn auf spanische Art

Rebhühner sind eine besondere Delikatesse. Am besten schmecken sie von September bis Dezember.

*1 küchenfertiges Rebhuhn*
*Salz*
*Pfeffer*
*einige Wacholderbeeren*
*50 g fetter, geräucherter Speck*
*1 EL Schmalz*
*1/8 l Fleischbrühe*
*2 Mandarinen*
*1 EL Johannisbeergelee*
*oder Preiselbeeren*
*1 Tasse Rotwein*
*1 TL Mehl*

Rebhuhn abspülen, trocken tupfen und mit Salz und Pfeffer einreiben. Wacholderbeeren in das Rebhuhn geben und dieses mit Speck umwickeln. Fett auslassen und Rebhuhn scharf anbraten. Heiße Fleischbrühe angießen. Eine Mandarine heiß abwaschen. Schale abreiben und zusammen mit Wein und Johannisbeergelee zum Fleisch geben.
Backofen vorheizen auf 180 °C, Heißluft 160 °C, Gas Stufe 3–4.
Nach etwa 30 Minuten Schmorzeit Rebhuhn herausnehmen, abwickeln und 7-10 Minuten im Backofen kroß backen. Fond durch ein Sieb gießen und mit Mehl leicht andicken. Beide Mandarinen schälen, filetieren und die Hälfte in die Soße legen. Heiß werden lassen. Rebhuhn zerteilen und mit der anderen Hälfte der Mandarinenfilets umlegen. Sauce gesondert reichen.

**Tip:** Mit Feldsalat und Kartoffelgratin oder Stangenweißbrot servieren.

## Lachs im Spinatbett

Der Lachs, auch Salm genannt, ist ein klassischer Feinschmeckerfisch. Er erfreut den Gaumen durch seinen edlen Geschmack, der auch diejenigen begeistert, die nicht ausgesprochene Fischfans sind. Auch das Auge kommt bei diesem Rezept auf seine Kosten. Die zarte rosa Farbe des Lachses wird hervorgehoben durch das Grün des Spinats und das Weiß der Sauce.

*300 g frischer Spinat*
*300 g Lachsfilet*
*Salz*
*Pfeffer*
*1 EL Mehl*
*20 g Butter*
*1 Zwiebel*
*1 Knoblauchzehe*
*1 EL Sahneschmelzkäse*
*200 g Sahne*
*1 Ei*
*1 EL Paniermehl*
*1 EL geraspelter Käse*
*Butterflöckchen*

Spinat waschen, verlesen, mit heißem Wasser überbrühen und ausdrücken. Backofen auf 225 °C, Heißluft 200 °C, Gas Stufe 4 vorheizen. Eine kleine Gratinform mit Butter ausstreichen. Spinat leicht hacken, salzen und pfeffern. Die Hälfte davon in die Form geben. Lachs würzen, in Mehl wenden und kurz in Butter anbraten. Auf den Spinat legen. Gehackte Zwiebel und Knoblauchzehe in Butter anschwitzen. Schmelzkäse mit Sahne darin schmelzen und etwas einkochen. Leicht ausgekühlt mit dem Ei verrühren. Die Hälfte der Sauce auf den Lachs streichen. Den restlichen Spinat darauf verteilen und mit dem Rest der Sauce überziehen. Paniermehl und geraspelten Käse mischen und über das Ganze streuen. Einige Butterflöckchen daraufsetzen und im Backofen 20 Minuten überbacken.

**Tip:** Sie können die fertig zubereitete Spinat-Lachs-Mischung auch in Blätterteig wickeln und im Ofen backen.

## Café turc

Dieser Kaffee wird in sehr kleinen Tassen serviert. Er muß stark, heiß und vor allem süß sein. Gekocht wird er in speziellen kupfernen Kaffeetöpfchen mit Stiel. Es genügt aber auch ein kleines Metalltöpfchen.
Kardamom ist der reife Samen indischer und afrikanischer Ingwergewächse. Er wirkt stark aphrodisierend.

*1 ½ Tassen sehr fein gemahlenes Kaffeemehl*
*1 ½ Tassen Zucker*
*2 Tassen Wasser*
*2 Prisen gemahlener Kardamom*

Kaffeemehl und Zucker in ein Töpfchen füllen und mit einem Löffel mischen. Darauf das kalte Wasser gießen. Auf dem Herd einmal aufkochen lassen, herunternehmen, umrühren und noch einmal zum Kochen bringen. Ein drittes Mal wiederholen. Schaum auf die Tassen verteilen. Mit Kardamom bestreuen. Wenn der Kaffee sich gesetzt hat, füllen Sie ihn vorsichtig in kleine Tässchen und trinken ihn heiß.

# Liebesdessert

Nach einem üppigen Mahl gelüstet es fast jeden nach etwas Süßem. Denken Sie bei warmen Desserts unbedingt daran, den Backofen rechtzeitig vorzuheizen, damit die Wartezeit zwischen den einzelnen Gängen nicht zu lang wird, es sei denn, Sie nutzen die Pause gerne für ein intensives, anregendes Gespräch.

*¼ l Milch*
*1 Vanillestange*
*1 Prise Salz*
*40 g Zucker*
*60 g gemahlene Mandeln*
*2 Eier*
*2 TL Speisestärke*
*60 g Zimtzucker*

Milch mit der Vanillestange erhitzen. Etwas ziehen lassen. Eier trennen. Salz, Zucker, Mandeln, Eigelbe und Speisestärke verrühren. Vanillestange aus der Milch nehmen. Milch erneut erhitzen, aber nicht kochen, und Ei-Mandel-Masse unter Rühren dazugeben. Backofen auf 250 °C, Heißluft 230 °C, Gas Stufe 5–6 vorheizen. Eine kleine Auflaufform oder zwei Portionsschälchen buttern. Creme einfüllen. Eiweiß mit Zimtzucker steif schlagen und auf die Creme streichen. Im vorgeheizten Backofen 10 Minuten überbacken, bis der Schnee goldgelb ist.
Dazu können Sie frisches, nach Geschmack gezuckertes Obst servieren, das mit etwas Rum oder Kirschwasser aromatisiert ist.

## Walnuß-Dattel-Kugeln für Suleyka

Bei einigen afrikanischen Stämmen werden Walnüsse auch heute noch als Heilmittel gegen die Unfruchtbarkeit des Mannes eingesetzt.

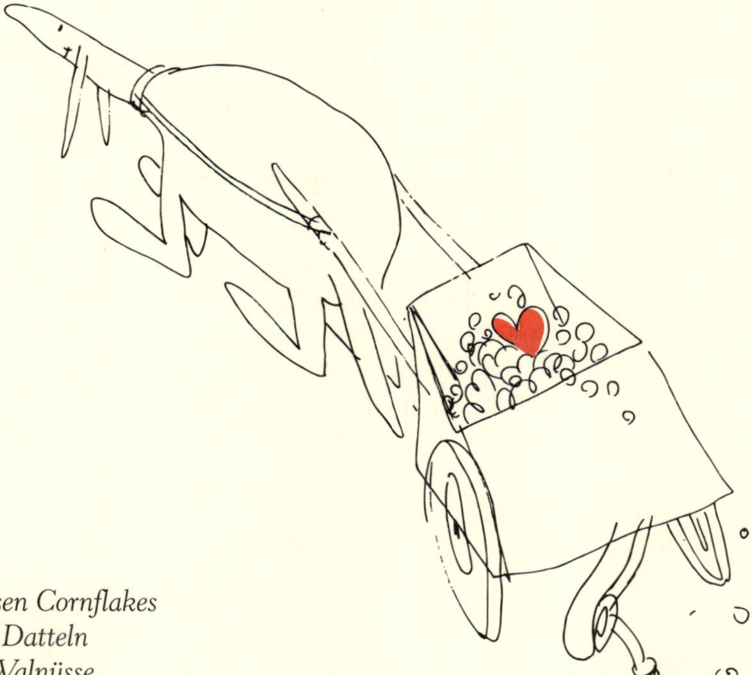

*2 Tassen Cornflakes*
*250 g Datteln*
*50 g Walnüsse*
*3 EL Honig*
*10 g Butter*
*1 EL Zitronensaft*
*2 EL Puderzucker*
*30–40 halbe Walnüsse*

Cornflakes, entkernte Datteln und Walnüsse durch den Fleischwolf drehen. Honig, Butter und Zitronensaft mit der Masse vermischen und gut miteinander verkneten. Kleine Kugeln formen und durch Puderzucker rollen. Kugeln etwas flach drücken und auf jede eine halbe Walnuß setzen. Trocknen lassen.

# Kaffeestündchen

Die Kaffeezeit ist etwas früher als die Teestunde angesetzt, sie nutzt also noch das volle Tageslicht aus. Zu den Aphrodisiaka zur Kaffeezeit gehören vor allem jede Art von Nüssen, frisches Obst und Schokolade. Sie bringen verbrauchte Kräfte zurück und beleben Körper und Geist.
Hier nun einige Vorschläge:

Engadiner Nußtorte
Mini-Obstkuchen
Zitronenschnitten
Marzipanbeutelchen
Oblatenküchlein
Holländischer Kaffee
Flensburger Kaffee
Rüdesheimer Eiskaffee
Russische Schokolade

# Engadiner Nußtorte

Diese Torte ist eine schweizerische Delikatesse, schnell zubereitet, tagelang haltbar und verführerisch lecker wie ein Riesen-Praliné.

*Teig:*
*100 g Butter*
*100 g Zucker*
*1 Prise Salz*
*1 Ei*
*200 g Mehl*

*Füllung:*
*20 g Butter*
*200 g Zucker*
*200 g grob gehackte Walnüsse*
*1/8 l Sahne*
*1 Eigelb*

Backofen auf 200 °C, Heißluft 180 °C, Gas Stufe 3–4 vorheizen.
Aus Butter, Zucker, Salz, Ei und Mehl einen Mürbeteig kneten. Eine Springform (18 cm Durchmesser) mit Backpapier auslegen. Knapp 2/3 des Teiges ausrollen und die Form damit belegen, Rand hochziehen. Butter im Topf zerlassen, Zucker zugeben und unter Rühren karamelisieren. Walnüsse und Sahne zugeben und aufkochen. Abkühlen lassen und lauwarm auf den Teig streichen. Den restlichen Teig auf Tortengröße ausrollen und als Deckel auf die Füllung legen. Die noch hochstehenden Ränder herunterklappen und mit einer Gabel fest an die Teigdecke drücken. Oberfläche mit Eigelb bestreichen und Torte 30–40 Minuten auf der unteren Schiene backen.

**Tip:** Ein Schuß Rum gibt der Nußfüllung noch eine besondere Note!

# Mini-Obstkuchen

Kirschen versüßen das Leben, sagt man. Warum wollen Sie sich nicht gemeinsam für ein paar Stunden diesem Traum hingeben?

*Teig:*
*60 g Butter*
*45 g Zucker*
*1 TL Vanillezucker (schwach gehäuft)*
*1 Eigelb*
*125 g Mehl*

*Zwischenbelag:*
*50 g Marzipanrohmasse*
*je 1 EL Kirschwasser und Zuckersirup*

*Belag:*
*1 Glas Sauerkirschen*
*1 Tütchen roter Tortenguß*

*Guß:*
*2 Eigelb*
*40 g Zucker*
*1 EL flüssige Butter*
*20 g gemahlene Mandeln*
*1 EL Kirschwasser*
*2 Eiweiß*

Backofen auf 220 °C, Heißluft 200 °C, Gas Stufe 4 vorheizen.
Zutaten für den Teig verkneten. Zwei Springformen (je 18 cm Durchmesser) mit Backpapier auslegen. Teig teilen und in die Formen kneten. 10 Minuten hellbraun abbacken.
Marzipan, Kirschwasser und Sirup verrühren. Sauerkirschen abtropfen lassen. Knapp 1/4 Liter Saft auffangen und mit dem Tortenguß zum Kochen bringen. Kirschen unterheben und leicht auskühlen lassen.

Einen der gebackenen Böden aus der Form nehmen. Den anderen Boden in der Form mit der Marzipanmasse bestreichen. Den zweiten Boden aufsetzen, leicht andrücken und mit einer dicken Schicht Kirschen belegen. Für den Guß Eigelbe und Zucker schaumig schlagen und nach und nach die flüssige Butter einlaufen lassen. Mandeln und Kirschwasser zufügen. Eiweiß gesondert steif schlagen. Unter die Schaummasse heben. Das Ganze auf die Kirschen streichen.
Auf mittlerer Schiene 15 Minuten backen, bis der Guß goldbraun ist.

## Zitronenschnitten

Sauer macht nicht nur lustig, sondern wirkt erfrischend und belebend. Mit dieser Frucht kommt auch ein Hauch von der Atmosphäre des sonnigen Südens in unsere Gegend. Und diese Zitronenschnitten haben es in sich!

*2 Platten TK Blätterteig*
*50 g Zucker*
*100 g geschälte, gemahlene Mandeln*
*1 unbehandelte Zitrone*
*1 Eigelb*
*2–3 EL Zitronengelee oder -marmelade*

Backofen auf 220 °C, Heißluft 200 °C, Gas Stufe 4 vorheizen.
Blätterteig auftauen lassen. Zu doppelter Länge ausrollen. Zucker, Mandeln und Eigelb verrühren. Schale einer halben Zitrone abreiben und die Frucht danach auspressen. Saft und Schale unter die Füllung rühren. Eine Teigplatte auf das mit Wasser bespritzte Backblech legen, Füllung darauf streichen. Rand mit Eigelb bestreichen. Die zweite Platte auflegen und an den Rändern gut andrücken. Restliches Eigelb auf die Deckelplatte pinseln. 15 Minuten goldbraun backen. Gelee erwärmen und glatt rühren. Das noch warme Gebäck damit bestreichen. Ausgekühlt in Streifen schneiden.

## Marzipanbeutelchen

*1 Paket TK-Blätterteig (300 g)*
*200 g Marzipanrohmasse*
*75 g Puderzucker*
*100 g gemahlene Mandeln*
*⅛ l Sahne*
*1 Messerspitze Zimt*
*2 Tropfen Bittermandelöl*
*1 Eiweiß*
*1 Spritzer Zitronensaft*
*1 Eigelb zum Bestreichen*

Backofen auf 220 °C, Heißluft 200 °C, Gas Stufe 4 vorheizen. Blätterteigplatten einzeln auftauen. Zu Rechtecken lang ausrollen und einmal durchschneiden, so daß Quadrate entstehen. Alle übrigen Zutaten bis auf das Eiweiß und -gelb verrühren. Kleine Bällchen formen und auf die Quadrate setzen. Teigspitzen nach oben schlagen, so daß kleine Kissen entstehen. Damit sie beim Backen nicht aufspringen, werden sie mit Eiweiß zusammengeklebt. Ringsherum mit Eigelb bestreichen. Auf ein mit Wasser bespritztes Blech setzen und in 15–20 Minuten goldgelb backen.

## Oblatenküchlein

*1 Ei*
*1 EL Orangensaft*
*125 g Zucker*
*1 TL Vanillezucker*
*4 Tropfen Rum-Aroma*
*100 g getrocknete Feigen*
*200 g Paranüsse*
*100 g gemahlene Mandeln*
*etwa 30 Oblaten (7 cm)*
*Kuvertüre, Aprikosenmarmelade oder Zuckerguß zum Bestreichen*

Backofen auf 150 °C, Heißluft 130 °C, Gas Stufe 2–3 vorheizen.
Feigen fein würfeln, Nüsse hacken. Ei, Saft und Zucker mit Rum-Aroma schaumig rühren. Feigen, Nüsse und Mandeln unterheben. Masse auf die Oblaten streichen. Auf ein Backblech setzen und etwa 25 Minuten backen. Noch warm mit Marmelade oder ausgekühlt mit Kuvertüre oder Zuckerguß bestreichen (siehe Rezept „Liebeséclairs" Seite 68).

## Holländischer Kaffee

*Kaffee nach Belieben*
*Eierlikör nach Belieben*
*1/8 l Sahne*
*1 TL Zucker*
*½ TL Vanillezucker*
*½ TL Kakaopulver*

Einen starken Kaffee kochen. Statt Milch Eierlikör dazugeben. Sahne mit Zucker und Vanillezucker steif schlagen. Auf jede Tasse Kaffee ein Sahnehäubchen setzen und mit Kakao bestäuben.

## Flensburger Kaffee

*½ l starker Kaffee*
*¼ l heiße Schokolade*
*⅛ l Rum*

Alle Zutaten in einen Topf füllen und bis zum Siedepunkt erhitzen. Sehr heiß servieren.

**Tip:** Wenn Sie wollen, können Sie zuerst etwas Sahne in Ihre Tasse gießen, mit Kaffee auffüllen und die Sahne einmal durchrühren.

## Rüdesheimer Eiskaffee

*½ l kalter Kaffee*
*1 kleine Karaffe Weinbrand*
*Würfelzucker*
*Vanilleeis*
*½ l Sahne*
*1 TL Zucker*
*½ TL Vanillezucker*
*1 EL geraspelte Schokolade*

Kaffee kochen. Da abgestandener Kaffee bitter schmeckt, sollte er nach dem Aufbrühen schnell auskühlen. Deshalb pro Tasse einen Teelöffel lösliches Kaffeepulver nehmen und in wenig heißem Wasser auflösen. Mit Eiswürfeln und kaltem Wasser auffüllen und in den Kühlschrank stellen. Den Weinbrand im heißen Wasserbad erwärmen. In jedes Trinkglas (feuerfest!) zwei Stückchen Würfelzucker geben. Diese mit Weinbrand tränken. Anzünden! Je zwei Bällchen Vanilleeis hineingleiten lassen und mit kaltem Kaffee auffüllen. Die gesüßte, steif geschlagene Sahne als Häubchen auf das Getränk setzen. Mit Schokoladenraspeln bestreuen.

## Russische Schokolade

Die Minze war ursprünglich im Mittelmeerraum zu Hause, bevor sie auch bei uns angebaut wurde. Sie gilt als belebendes Liebeskraut, das gleichzeitig den Appetit anregt. In Verbindung mit Kakao und Wodka, dem russischen Lebenselixier, ein interessantes und unvergleichliches Geschmackserlebnis.

*2 Trinkbecher Milch*
*1 ½ EL dunkles Kakaopulver*
*1 TL Zucker*
*2 cl Wodka*
*2 Tupfer geschlagene süße Sahne*
*2 kleine Minzblättchen*

Milch erhitzen und mit Kakao und Zucker verquirlen. Fast bis zum Siedepunkt erwärmen, aber nicht kochen. In zwei Trinkbecher je etwas Wodka geben. Mit der heißen Schokolade übergießen. Auf jeden Becher ein Sahnehäubchen setzen und mit je einem Pfefferminzblättchen dekorieren.

**Tip:** Wenn die Zeit für ausgefallene Getränke zu knapp ist, dann sollten Sie verschiedene kleine Karaffen mit alkoholischen Getränken bereitstellen. Vorschlag: Pfefferminz-Schokoladenlikör, Whisky-Sahnelikör, Weinbrand oder Orangenlikör. Alle vertragen sich ausgezeichnet mit Kaffee und Kakao.

# Teatime

Um 17 Uhr ist „teatime“ in England, wo sie heute noch ihre größte Anhängerschaft hat. Auch bei uns findet das Teetrinken immer mehr Liebhaber. Und das hat seinen Grund. Zu jeder Jahreszeit wirkt eine Teepause wunderbar entspannend und belebend. Am schönsten ist es natürlich zu zweit. Der Gedankenaustausch bei einer Tasse Tee kann anregend und fruchtbar sein. Genießen Sie die Zeit zu zweit an einem liebevoll gedeckten Tisch, je nach Jahreszeit im Garten, an einem gemütlichen Platz in Ihrer Wohnung, vor dem Kamin oder wo auch immer Sie sich wohl fühlen.
Tee ist stark aphrodisierend. Grüner Tee, wie er bevorzugt in den arabischen Ländern getrunken wird, wirkt besonders intensiv. Er darf nicht mit heißem, sondern nur mit warmem Wasser aufgebrüht werden. Schwarzer Tee sollte nicht länger als 3 Minuten ziehen, damit er seine anregende Wirkung nicht verliert.

Mit diesen Rezepten wird Ihre „Teatime“ ein unvergeßliches Erlebnis:

Minced Pie
Liebeséclairs
Teebrötchen
Andalusischer Teekuchen
Aprikosentorte
Sandwiches mit Orangen- und Eierbutter
Sommerlicher Eistee
Weihnachtstee
Teepunsch

# Arabische Teestunde

# Minced Pie

*Teig:*
*250 g Mehl*
*125 g Butter*
*5 EL Sahne*
*3 EL Zucker*

*Belag:*
*50 g entsteinte Trockenpflaumen*
*50 g Rosinen*
*50 g gehackte Mandeln*
*je 30 g Zitronat und Orangeat*
*2 EL Preiselbeeren aus dem Glas*
*1 Prise Nelkenpulver*
*1 TL Zimtzucker*
*50 g Marzipan-Rohmasse*
*1 EL Rum*
*2 mittelgroße Äpfel (Boskop)*

Belag schon drei Tage vor dem Backen des Pies vorbereiten. Trockenpflaumen würfelig schneiden. Marzipan-Rohmasse zerbröckeln. Alle Zutaten, außer den Äpfeln, mischen und in den Kühlschrank stellen. Durchziehen lassen. Jeden Tag einmal durchrühren.
Backofen auf 200 °C, Heißluft 180 °C, Gas Stufe 3–4 vorheizen.
Zutaten für den Teig mit dem Knethaken des Mixers oder in der Küchenmaschine zu einem feinen Teig kneten. Teig halbieren. Eine Hälfte in eine 24 cm große, mit Backpapier ausgelegte Springform kneten. Rand etwas hochziehen. 10 Minuten vorbacken, so daß der Teig noch hell, aber nicht mehr feucht ist.
In der Zwischenzeit die Äpfel schälen, entkernen und in Würfel schneiden. Mit der Masse aus dem Kühlschrank vermengen. Auf den Teig streichen. Zweite Hälfte des Teigs ausrollen und auflegen. Da der Teig sehr weich ist, muß man beim Auflegen sehr vorsichtig vorgehen. Versuchen Sie es einmal so: Die Teigplatte auf das Nudelholz rollen und über der Torte abwickeln. An den Rändern leicht andrücken. Auf der Mittelschiene noch etwa 20 Minuten backen, bis die Teigdecke leicht braun ist. Auskühlen lassen.

Schmeckt am besten am nächsten Tag und hält sich 3-4 Tage frisch. Eventuell mit Puderzucker bestäuben. In kleine Streifen schneiden.

**Tip:** Der Kuchen läßt sich auch sehr gut einfrieren. In der Mikrowelle bei 400 Watt 5 Minuten antauen lassen. Dann bei Zimmertemperatur 2 Stunden stehen lassen.

## Das Schönste

Ich flüchte
in dein Zauberzelt
Liebe

im atmenden Wald
wo Grasspitzen
sich verneigen

weil
es nichts Schöneres gibt

Rose Ausländer

## Liebeséclairs

Für Fortgeschrittene – ein echter Liebesbeweis!

*Teig:*
*¼ l Wasser*
*60 g Butter*
*1 Prise Salz*
*abgeriebene Schale von ½ Zitrone*
*200 g Mehl*
*4 Eier*

*Füllung:*
*¼ l Sahne*
*2-3 EL Preiselbeeren aus dem Glas*

*Guß:*
*1 Tasse Puderzucker*
*einige Tropfen Zitronensaft*

Backofen auf 220 °C, Heißluft 180 °C, Gas Stufe 4 vorheizen.
Wasser, Butter, Salz und Zitronenschale zum Kochen bringen. Mehl auf einmal auf die Flüssigkeit schütten und mit dem Schneebesen so lange rühren, bis ein Kloß entsteht. Diesen rühren, bis sich am Topfboden ein weißer „Pelz" absetzt.
Den Kloß in eine Rührschüssel füllen. Mit dem Schneebesen einzeln die Eier einarbeiten, bis ein weicher Teig entsteht. Diesen in einen Spritzbeutel füllen. Fingerlange Streifen auf ein geöltes Backblech spritzen. Da die Éclairs sich vergrößern, bitte Abstand halten.
Auf der mittleren Schiene etwa 20 Minuten backen. Während der Backzeit nicht die Ofentür öffnen, da die Éclairs dann zusammenfallen könnten. Sofort nach dem Backen aufschneiden. Sahne steif schlagen, Preiselbeeren unterheben und auf die untere Hälfte des Gebäcks spritzen. Obere Hälfte mit Zuckerguß aus Puderzucker und Zitronensaft bestreichen. Beim Herstellen des Gusses nicht zuviel Saft in den Zucker rühren, da er sonst zu flüssig wird. Zum Schluß den Deckel aufsetzen und frisch servieren.

# Mmh, die haben das gewisse Etwas...

## Teebrötchen

*250 g Mehl*
*15 g Hefe*
*3 EL Milch (lauwarm)*
*60 g Butter*
*1 Ei*
*40 g Zucker*
*1 Prise Salz*
*50 g Rosinen (nach Geschmack)*
*1 Eigelb*
*Hagelzucker zum Bestreuen*

Mehl in eine Schüssel sieben. In die Mitte eine Kuhle drücken. Hefe hineinbröckeln und mit Milch und etwas Mehl zu einem Teig rühren. 15 Minuten gehen lassen.
Backofen auf 200 °C, Heißluft 180 °C, Gas Stufe 3–4 vorheizen.
Lauwarm zerlassene Butter mit Ei, Zucker und Salz von der Mitte des Teiges her verkneten. Rosinen einarbeiten. Kräftig kneten, kleine Bällchen formen und auf ein mit Backpapier ausgelegtes Blech setzen. Zugedeckt bis zur doppelten Größe gehen lassen.
Brötchen mit Eigelb bestreichen und mit Hagelzucker bestreuen. Auf mittlerer Schiene in etwa 30 Minuten goldgelb backen.

**Tip:** Servieren Sie die Brötchen noch leicht warm und bestreichen Sie sie nach englischer Sitte mit Butter und guter englischer Marmelade, z. B. aus Orangen, Zitronen oder roten Früchten.

## Andalusischer Teekuchen

Andalusien, von der Sonne verwöhnt, ist ein Paradies der Früchte. Granatäpfel, Zitronen, Limonen und Orangen wachsen in großen Hainen, auf Plätzen und in den wunderschönen Patios. Träumen Sie bei einem Stück dieses leckeren Kuchens, versetzen Sie sich in die beschwingt fröhliche Urlaubsatmosphäre und genießen Sie!

*Teig:*
*250 g Butter*
*250 g Zucker*
*3 Eier*
*4 Eigelbe*
*2 cl Orangenlikör*
*abgeriebene Schale von 2 ungespritzten Orangen*
*Saft von 2 großen Orangen*
*1 EL Zitronensaft*
*100 g Mehl*
*100 g Speisestärke*
*100 g abgezogene, geriebene Mandeln*

*Zum Befeuchten:*
*½ Glas Orangenmarmelade*
*Rest des oben genannten Orangensaftes*

*Guß:*
*1 Tasse Puderzucker*
*einige Tropfen Zitronensaft*

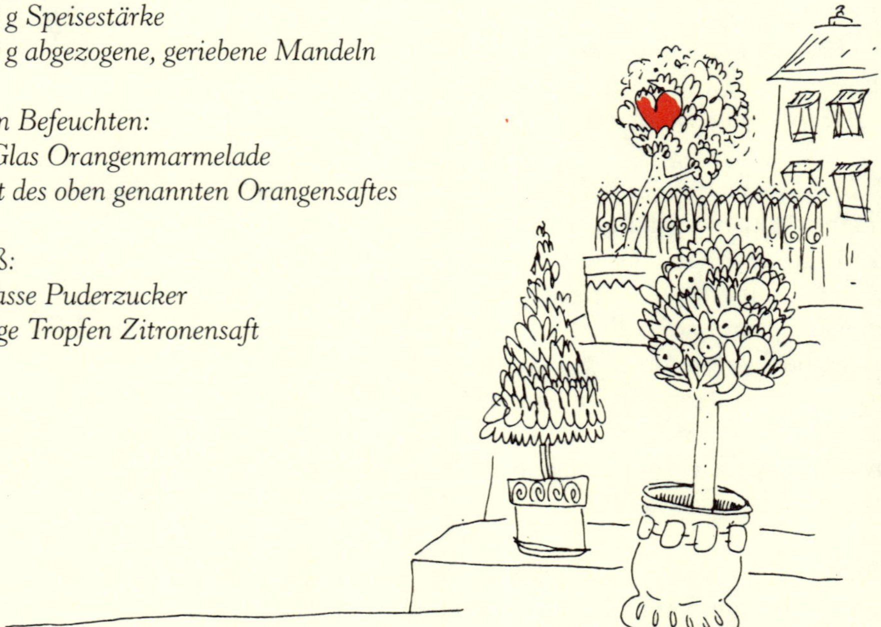

Backofen auf 180 °C, Heißluft 160 °C, Gas Stufe 3 vorheizen.
Butter, Zucker, Eier und Eigelbe schaumig schlagen. Mehl und Stärkemehl eßlöffelweise unterrühren. Orangenschalen, 2 EL Orangensaft, Likör und Mandeln unterheben. Teig in eine gefettete und mit Mehl ausgestäubte Kastenform füllen. Auf der unteren Schiene 90 Minuten backen. Stäbchenprobe!
Ränder des Kuchens mit einem Messer von der Form lösen, aber den Kuchen in der Form belassen. Orangenmarmelade und den restlichen Orangensaft erwärmen und glattrühren. Mit einem Stäbchen viele Male in den Kuchen stechen und die Flüssigkeit eßlöffelweise in den Kuchen träufeln, bis er sich vollgesogen hat.
Nach dem Auskühlen aus der Form nehmen und mit dem zum Guß verrührten Puderzucker (siehe Éclairs Seite 68) bestreichen.

Ich wußte, sie ist in der Küchen,
Ich bin ihr leise nachgeschlichen.
Ich wollte ihr ewige Treue schwören
Und fragen, willst du mir gehören?
Auf einmal aber stutzte ich.
Sie kramte zwischen dem Gewürze;
Dann schneuzte sie und putzte sich
die Nase mit der Schürze.

Wilhelm Busch

# Aprikosentorte

Aprikosen mit ihrer samtig weichen Haut, ihrem unvergleichlichen Duft und aromatisch fruchtigen Geschmack zählen zweifellos mit zu den beliebtesten Obstsorten. Darüber hinaus wird ihnen eine starke aphrodisierende Wirkung nachgesagt, die auch bei Dosenobst noch spürbar ist.

*Teig wie beim Minced Pie herstellen (siehe Seite 66)*

*Belag:*
*1 Dose oder 1 kg frische Aprikosen*
*1 EL Zimt und Zucker*
*2 EL gehackte Mandeln*
*1 EL Butter*
*½ Glas Aprikosenmarmelade*

Backofen auf 200 °C, Heißluft 180 °C, Gas Stufe 3–4 vorheizen.
Eine Springform (26 cm Durchmesser) mit Backpapier auslegen und den ganzen Teig hineinkneten. Rand etwas hochziehen. Im Ofen vorbacken. Aprikosen abtropfen lassen. Frische Früchte waschen, halbieren und entsteinen. Mit der Höhlung nach oben dicht nebeneinander auf den Tortenboden legen. Mit Zimtzucker und Mandeln bestreuen. Kleine Butterflöckchen darauf verteilen. Backen, bis die Aprikosen an den Rändern dunkel werden. Inzwischen die Marmelade glatt rühren. Auf den noch heißen Kuchen streichen.
In schmale Streifen schneiden und mit gut gekühlter Sahne servieren.

**Tip:** Die Torte schmeckt am besten, wenn sie noch lauwarm ist.

## Sandwiches

Sandwiches sind zur „Teatime" immer sehr willkommen. Je nach Geschmack können sie herzhaft, z. B. mit Käse, Aufschnitt oder Kräuterbutter oder süß, z. B. mit Marmelade, Honig oder Schokoladenplättchen serviert werden.
Eine besondere Empfehlung ist die Variante mit Orangen- oder Eierbutter auf warmem Toastbrot.

## Orangenbutter

*125 g weiche Butter*
*1 ungespritzte Orange*
*1 TL rote Pfefferbeeren*
*1 EL trockener Sherry*

Orangenschale hauchdünn abschälen, in Streifen schneiden und in einem Topf mit etwas Wasser kurz aufkochen. Danach kalt abspülen. Butter mit Schalen, etwas Saft, Beeren und Sherry gut verkneten. Dabei setzt sich etwas Flüssigkeit wieder ab. Das ist nicht schlimm, denn es bereichert den Geschmack. In ein Töpfchen pressen.

## Eierbutter

*2 hartgekochte Eier*
*125 g weiche Butter*
*Salz*
*Pfeffer*
*1 EL gehackte Petersilie*

Eier mit einer Gabel zerdrücken, mit Salz und Pfeffer abschmecken. Zusammen mit der Petersilie in die Butter kneten. Alles in ein Töpfchen pressen.

**Tip:** Natürlich können Sie es sich mit Buttersorten aus dem Handel leichter machen. Auch diese passen zu Brot oder zu ungesüßtem Zwieback.

## Sommerlicher Eistee

Zunächst wird ein sehr starker Tee hergestellt, in den man Eiswürfel zum Abkühlen gibt. Den Tee nicht wie normal aufgießen und zum Erkalten in den Kühlschrank stellen. Das dauert zu lange und macht den Tee fade.

*½ l Eistee*
*500 g Himbeeren oder Himbeersaft*
*Saft einer Zitrone*
*½ Flasche Sekt*

Himbeeren säubern und mit Zucker bestreuen. Saft ziehen lassen. Kurz vor dem Servieren alle Zutaten gut gekühlt in ein Bowlengefäß gießen und umrühren.

## Weihnachtstee

Weihnachtstee wird aus kleinen Schalen sehr heiß getrunken. Oder machen Sie es wie zu Großmutters Zeiten: Gießen Sie jeweils einen Schuß aus der Schale auf den Unterteller und trinken ihn daraus. So ist er mundgerechter. Aber Sie dürfen ihn auch gerne aus dem Schälchen „schlürfen" – wie die Orientalen.
Richtig gemütlich wird es, wenn jeder den Tee selbst zubereitet. Dazu brauchen Sie einen Samowar oder eine Kanne mit sehr heißem Wasser, die auf einem Stövchen warm gehalten wird. Darum herum plazieren Sie verschieden gefüllte Schälchen: Ein Schälchen mit schwarzen Teeblättern. Ein weiteres Schälchen enthält zu gleichen Teilen gemahlene Gewürze wie Anis, Nelken, Zimt und Vanille. In einem dritten Schälchen befinden sich abgebrühte Orangenschalen (siehe Rezept Orangenbutter), in einem anderen ist brauner Zucker. Honig aus dem Honigspender sollte nicht fehlen. Jeder füllt seine Teeschale nach Geschmack. Umrühren und die Zutaten sich setzen lassen. Vorsichtig trinken, damit der Teesatz unten bleibt. Einfacher ist natürlich der einmalige Aufguß in einer Kanne.
Es verbreitet sich ein herrlicher Duft, der mit Kerzenschein und sanfter Musik eine angenehme, intime Atmosphäre schafft.

## Teepunsch

*$\frac{1}{2}$ l leichter Rotwein*
*$\frac{1}{2}$ l frisch aufgebrühter Orange-Tea*
*2 Teeschalen Orangensaft*
*1 Teeschale Rosinen*
*1 Teeschale weißer Rum*

Rosinen waschen und eine Nacht in Rum einlegen. Dann zusammen mit dem Orangensaft in eine Teekanne geben. Auf einem Stövchen erwärmen. Kurz vor dem Servieren mit heißem Rotwein und Tee übergießen.

# Happy hour

Happy hour – das ist die Zeit zwischen Kaffee und Abendbrot, also der Auftakt zu einem gemütlichen Abend. Servieren Sie „sanfte“ Getränke und kleine, handliche, aber ausgefallene Köstlichkeiten, die Sie zum Drink stehend oder sitzend, „von der Hand in den Mund“ verzehren können. Damit diese Häppchen nicht zu satt machen, sondern stimulierend und belebend wirken, ist eine geschickte Auswahl nötig.
Bei den Getränken sind „reine“ Getränke wie Sherry, Sekt und Saft oder leichte, frisch gemixte Cocktails zu empfehlen.
Hier eine Auswahl:

Mango-Traum
Portugiesische Überraschung
Grüne Verführung
Prickeldrink

Und dazu reichen Sie:

Zwiebel-Quiche
Forellen-Pastete auf Canapés
Fingerlinge
Tomaten im Schlafrock
Gebackene Champignons
Russische Piroggen
Arabische Dolmas
Holländisches Käsegebäck

## Dämmerstunde

Im Sessel du, und ich zu deinen Füßen,
Das Haupt zu dir gewendet, saßen wir;
Und sanfter fühlten wir die Stunden fließen,
Und stiller ward es zwischen mir und dir;
Bis unsre Augen ineinander sanken
und wir berauscht der Seele Atem tranken.

Theodor Storm

## Mango-Traum

Mangos und Sekt sind ideale Aphrodisiaka. Die belebende Wirkung ist schnell spürbar.

*3 Mangos*
*1 Pikkoloflasche Sekt*
*3 cl Pfirsichlikör*
*schwarzer Pfeffer aus der Mühle*

Mangos schälen, entkernen und pürieren. Mit Likör befeuchten und mit Sekt auffüllen. Eine Prise Pfeffer, frisch gemahlen, über jedes Glas stäuben.

## Portugiesische Überraschung

Zimt und Orangen wurden schon von den Ägyptern und Römern in der Liebesküche und als Grundlage für Kosmetika verwendet. Durch die Portugiesen wurde Zimt (die getrocknete innere Rinde wie auch die gemahlenen Samen des immergrünen tropischen Zimtbaums) im 16. Jahrhundert in Europa bekannt. In Verbindung mit Orangen verwenden wir ihn gern in der vorweihnachtlichen Küche und Backstube.

*6 Stangen Zimt*
*1 unbehandelte Orange*
*100 g brauner Zucker*
*Weinbrand (gleiche Menge wie Orangensaft)*
*1 Flasche trockener Sekt*

Orange hauchdünn schälen, danach auspressen. Schale und Saft mit dem Stangenzimt, Zucker und Weinbrand zwei Tage ziehen lassen. Durchseihen, ein wenig davon in Sektgläser füllen und mit Sekt aufgießen. Mit einem Trinkhalm durchrühren.

## Grüne Verführung

*4 cl Curaçao blue*
*2 Orangen*
*Sekt oder Mineralwasser*

Orangen auspressen. In zwei hohe Gläser je etwas Curaçao und Saft geben. Mit Sekt oder Mineralwasser auffüllen.

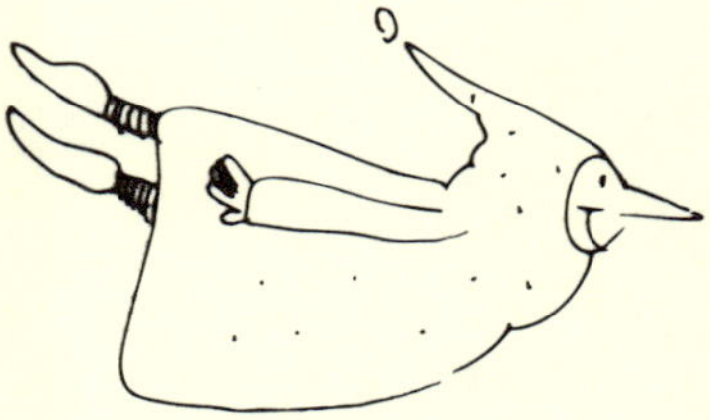

Das prickelt! Ebenso wie der

## Prickeldrink

*6 Pfefferminzblätter*
*4 cl Apfelsaft*
*4 cl weißer Traubensaft*
*1 cl Zitronensaft*
*1 Flasche Mineralwasser*

Pfefferminzblätter in kleine Stücke zupfen. Auf zwei hohe Gläser verteilen, mit den Säften und Wasser auffüllen.

Pfefferminzblätter wirken erfrischend und anregend.

# Zwiebel-Quiche

*Teig:*
*125 g trockener Magerquark*
*4 EL Öl*
*4 EL Milch*
*1 Ei*
*1 TL Salz*
*250 g Mehl*
*3 TL Backpulver*

*Belag:*
*750 g Zwiebeln*
*100 g Schinken*
*1 EL Butter*
*4 Eier*
*¼ l Sahne*
*½ TL Salz*

Für den Teig Quark, Öl, Milch, Ei und Salz verrühren. Nach und nach das mit Backpulver vermengte Mehl unterheben und gut verkneten. Entweder den Teig auf einem mit Backpapier ausgelegten Blech ausrollen oder in zwei kleine Springformen (24 cm Durchmesser) kneten. Das Blech muß ringsherum abgedichtet sein, damit der Belag nicht herunterläuft. Dazu das Backpapier besonders an der offenen Seite hochziehen und zu einem Rand falten. Bei den Springformen den Teig am Rand hochziehen.
Backofen auf 220 °C, Heißluft 200 °C, Gas Stufe 4 vorheizen.
Zwiebeln schälen und in Ringe schneiden. Schinken würfeln. Butter in einer Pfanne zerlassen und Zwiebeln und Schinken leicht andünsten. Abgekühlt auf den Teig streichen. Eier, Sahne und Salz verquirlen und über den Belag gießen. Mit einer Gabel leicht durchziehen, damit Zwiebeln und Eiermilch sich vermengen. Im Backofen etwa 30 Minuten backen, bis die Quiche gold-

braun ist. Den Kuchen in viereckige, plätzchengroße Stücke oder bei den Formkuchen in kleine Segmente schneiden, die man sofort essen sollte. Wichtig: Teig dünn ausrollen. Teigreste können eingefroren werden, ebenso wie übriggebliebene Zwiebel-Quiche.
Und noch eins: Sollten Sie wenig Zeit haben, Quark-Öl-Teig gibt es auch vorgefertigt im Paket zu kaufen.

## Forellenpastete auf Canapés

*500 g Forellen*
*1 Bund Suppengrün*
*1–1 ½ l Wasser*
*1 TL Salz*
*100 g Frischkäse mit Kräutern*
*1 EL grüner Pfeffer*
*⅛ l Sahne*
*1 Päckchen gemahlene weiße Gelatine*
*1 Toastbrot*
*etwas Butter*

Suppengrün waschen, putzen und mit dem Wasser und Salz zum Kochen bringen. Forellen einlegen und gar ziehen lassen, nicht kochen. Sie sind gar, wenn sich die Rückenflosse herausziehen läßt.
Forellen aus dem Sud heben und leicht auskühlen lassen. Filets herauslösen und sorgfältig von den Gräten befreien. Gelatine zum Quellen ansetzen. Forellenfleisch und Frischkäse mit Sahne und etwas Fischfond pürieren. In die cremige Masse grünen Pfeffer rühren. Aufgelöste Gelatine vorsichtig mit einem Schneebesen unter die Creme heben. Kleine Ragoût-fin-Töpfchen oder eine Kastenform am Boden mit Aluminiumfolie oder Butterbrotpapier auslegen. Creme einfüllen und etwa zwei Stunden im Kühlschrank stocken lassen.
Toastbrotscheiben entweder rund ausstechen oder vierteln. Mit wenig Butter bestreichen. Pastete aus den Formen lösen und in etwa 1 cm dicke Scheiben schneiden. Auf die Canapés legen und mit Dill oder Petersilie und eventuell einigen Eischeiben garnieren.

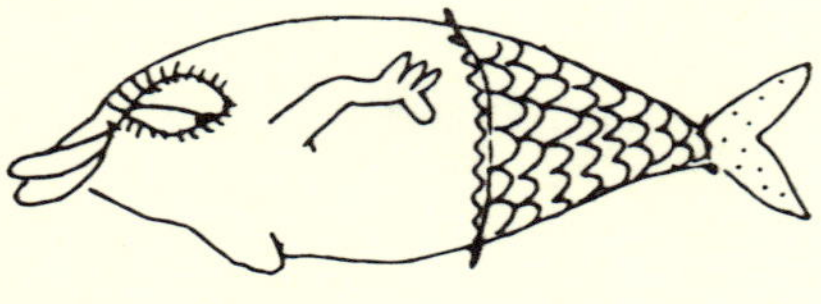

# Fingerlinge

*2 zarte weiße Stengel Bleichsellerie*
*30 g Butter*
*100 g Edelpilzkäse*
*Salz*
*weißer Pfeffer aus der Mühle*
*1 kleine Pfefferschote*
*¼ Bund Petersilie*

Bleichsellerie waschen, putzen und in 6 cm lange Stücke schneiden. Butter und Roquefort schaumig rühren, mit Salz und Pfeffer würzen. Käsemischung in den Spritzbeutel geben. Jeweils in die Innenseiten des Bleichselleries spritzen. Pfefferschote fein würfeln. Sparsam über die Roquefortcreme verteilen, mit Petersiliensträußchen garnieren.

Die Schärfe des Pfeffers wirkt stimulierend und stärkend. Vor allem, wenn er frisch gemahlen verwendet wird.

Schon die schöne Nymphe Kalypso pflegte ihren Liebsten Odysseus mit Vorliebe Sellerie zu servieren. Kein Wunder, daß er sich fast zehn Jahre lang in ihren Armen von seiner beschwerlichen Irrfahrt ausruhte!

## Was es ist

Es ist Unsinn
sagt die Vernunft
Es ist was es ist
sagt die Liebe

Es ist Unglück
sagt die Berechnung
Es ist nichts als Schmerz
sagt die Angst
Es ist aussichtslos
sagt die Einsicht
Es ist was es ist
sagt die Liebe

Es ist lächerlich
sagt der Stolz
Es ist leichtsinnig
sagt die Vorsicht
Es ist unmöglich
sagt die Erfahrung
Es ist was es ist
sagt die Liebe

Erich Fried

## Tomaten im Schlafrock

*1 Paket TK-Blätterteig (300 g)*
*Mohn*
*Sesam*
*8 kleine Tomaten*
*8 kleine Scheiben gekochter Schinken*
*1 Ei*

Backofen auf 200 °C, Heißluft 180 °C, Gas Stufe 3–4 vorheizen.
Blätterteig ausrollen und in acht quadratische Stücke schneiden, so daß die Tomaten vom Teig ganz umschlossen werden. Tomaten waschen. Auf jedes Quadrat eine Scheibe Schinken legen und eine Tomate darauf setzen. Ei trennen. Das Eiweiß etwas verschlagen und die Kanten der Quadrate damit bestreichen. Tomaten darin einhüllen. Teig fest andrücken, vor allem da, wo die Ecken übereinanderliegen. Von außen mit Eigelb bestreichen und mit Mohn oder Sesam bestreuen. Auf ein mit Wasser bespritztes Backblech setzen. Im Backofen etwa 25 Minuten goldbraun backen.

## Gebackene Champignons

*500 g frische Champignons*
*2 EL Mehl*
*2 Eier*
*Salz*
*Pfeffer*
*5 EL Paniermehl*
*200 g Pflanzenfett*

Pilze waschen, mit Küchenkrepp trocken tupfen und putzen. Eier mit Salz und Pfeffer würzen und verschlagen. Champignons erst in Mehl, dann in Ei und zuletzt in Paniermehl wenden. In reichlich Fett rundherum braun braten. Warm servieren.
Wer mag, kann dazu eine Joghurtsauce (siehe Seite 31), Oliven oder Cocktailwürstchen reichen.

# Russische Piroggen

*Teig:*
*150 g Mehl*
*1 Prise Salz*
*75 g eiskalte Butter*
*50 g eiskaltes Schmalz*
*2 EL Eiswasser*

*Füllung:*
*200 g Hackfleisch*
*1 hartgekochtes Ei*
*Salz*
*grüner Pfeffer*
*½ rote Paprikaschote*
*1 kleine Gewürzgurke*
*1 Zwiebel*

*Zum Ausrollen:*
*Mehl*

*Zum Bestreichen:*
*1 Eigelb*
*1 TL Milch*

Mehl und Salz mischen. Butter und Schmalz hacken und untermischen. Mit dem Eiswasser zu einem glatten Teig verkneten. Ausrollen und zweimal zusammenschlagen, so daß dabei drei Schichten entstehen. In den Kühlschrank stellen. Nach 15 Minuten wieder ausrollen und zusammenlegen. Noch einmal im Kühlschrank ruhen lassen. Inzwischen die Füllung zubereiten. Paprikaschote, Gurke und Zwiebel fein hacken. Alle Zutaten verkneten. Teig dünn ausrollen. Mit einem Glas – möglichst groß im Durchmesser – runde Plätzchen ausstechen. Auf jedes Plätzchen Fleischfüllung geben. Die Plätzchenränder mit Eigelbmilch bestreichen. Zu Halbmonden zusammenschlagen, die Ränder fest andrücken. Mit Eigelb bepinseln.

Backofen auf 200 °C, Heißluft 180°C, Gas Stufe 3–4 vorheizen.
Die Plätzchen auf ein mit Butter gefettetes und bemehltes Blech setzen und 30–40 Minuten goldgelb ausbacken. Am besten warm servieren.

## Arabische Dolmas (Gefüllte Weinblätter)

Dolmas gab es im Orient schon im Mittelalter. Sie wurden serviert, wenn der Sultan in den Krieg zog oder aber – eine ganz andere Situation – wenn er sich in Gesellschaft einer Haremsdame befand. Angeblich sollten die Dolmas diejenigen, die sie aßen, beflügeln!

*50 g Reis*
*1/2 Zwiebel*
*Öl von den eingelegten Weinblättern*
*knapp 1/8 l Fleischbrühe*
*10–15 Weinblätter aus der Dose*
*100 g Lammgehacktes*
*2 Eigelbe*
*Salz*
*Pfeffer*
*Muskat*

Reis waschen. Zwiebel schälen und klein hacken. Das Öl, in dem die Weinblätter eingelegt sind, auffangen. Darin Reis und Zwiebel anrösten. Fleischbrühe angießen und den Reis ausquellen lassen.
Backofen auf 180 °C, Heißluft 160 °C, Gas Stufe 3–4 vorheizen.
Weinblätter aus der Dose nehmen, abtropfen lassen und glatt streichen. Fleisch mit Eigelb, Reis, Salz und Pfeffer verkneten und mit etwas Muskat abschmecken. Kleine Bällchen formen und diese in die Weinblätter einschlagen.
Eine Auflaufform fetten, Dolmas nebeneinander hineinlegen und mit Öl einpinseln. Im vorgeheizten Backofen etwa 20 Minuten backen.

# Holländisches Käsegebäck

*150 g frisch geraspelter mittelalter Gouda*
*150 g Mehl*
*50 g Butter*
*1 Prise Salz*
*1 EL Paprikapulver*
*2 EL Sahne*
*1–2 Eigelbe zum Bestreichen*

Backofen auf 220 °C, Heißluft 200 °C, Gas Stufe 4 vorheizen.
Alle Zutaten gut verkneten. Sehr dünn zu einem Rechteck ausrollen. Teigplatte mit etwas Eigelb bestreichen und fest aufrollen. In dünne Scheibchen schneiden. Diese auf ein mit Backpapier ausgelegtes Backblech legen. Plätzchen mit Eigelb bestreichen und – wenn Sie mögen – mit Mohn bestreuen. Im Backofen 10 Minuten backen.

## Essen ohne dich

Ich habe mich hungrig gefühlt,
Doch fast nichts gegessen.
War alles lecker, das Bier so schön gekühlt-
Aber: du hast nicht neben mir
Gegessen.

Verzeihe: Ich stellte mir vor,
Daß das ewig so bliebe,
Wenn du vor mir – –
Ach, was geht über Liebe?!!

Muß ich nun doch
Ein paar Tage noch
Fressen, ohne Lust; o das haß ich. -
Aber wenn Du von der Reise
Heimkehrst, weiß ich, daß ich
Wieder richtig speise.

Joachim Ringelnatz

Beim Dinner for two spielen nicht nur die Gerichte, sondern auch das Rundherum eine wichtige Rolle. Ein liebevoll gedeckter Tisch, leise, ruhige Musik und dazu eine anregende Unterhaltung – das kann der Auftakt eines besonderen Abends sein.
Verwöhnen Sie Ihren Schatz mit Gerichten, die den Magen nicht allzu sehr belasten. Am besten sind kleine Portionen, aus animierenden Zutaten komponiert und sinnenfreudig dekoriert. Die folgenden Menüs werden jeweils schon in der Küche portioniert, so daß die Tischdekoration nicht lästigen Schüsseln und Platten weichen muß. Besonders hübsch wirken Platzteller, auf die man die verschiedenen Gedeckteller stellt.
Noch ein Gesichtspunkt sollte unbedingt beachtet werden: die Jahreszeit! Im Sommer werden leichte, erfrischende Gerichte bevorzugt, im Winter soll das Menü den Magen wohlig wärmen. Und das Angebot an frischem Gemüse ist ja zu jeder Jahreszeit ein anderes.

**Wintermenü:**
Geräucherte Entenbrust mit Feldsalat und Roquefortsauce
Pekinglikör mit Käsegebäck
Seezungenröllchen in Weißweinsauce
Sekt Surprise
Wildschweinrouladen
Fenchelgratin
Großmutters Zitronencreme oder Schokoladen-Dessert

**Sommermenü:**
Apfel-Möhren-Salat bretonischer Art
Sauerampfer-Suppe
Graved Lachs mit Senfsauce auf Rösti
Kir royal mit schwarzen Johannisbeeren
Liebessteak
Spargel mit Sauce Béarnaise und Fächerkartoffeln
Zimtparfait mit Himbeeren

Zu allen Jahreszeiten eine gute Alternative, die sich mit Rezepten aus den anderen Menüs kombinieren läßt:
Rendezvous am Wok

# Dinner for two

# Wintermenü

## Geräucherte Entenbrust mit Feldsalat und Roquefortsauce

Die Ente ist eines der wohlschmeckendsten Geflügel. Sie war schon bei den Römern sehr beliebt, die allerdings nur die Brust und das Hirn verspeisten, weil alles andere ihnen zu zäh war.
Liebhaber ziehen die Wildenten den Zuchttieren vor, weil sie intensiver im Geschmack sind.

*8 hauchdünn geschnittene, geräucherte Entenbrustscheiben*
*50 g Feldsalat*
*1 EL Roquefortkäse*
*1/8 l Sahne*
*1 TL Zitronensaft*
*1 Prise Salz*
*Pfeffer*

Feldsalat putzen und waschen. Auf einem Geschirrtuch abtropfen lassen. Roquefort mit Zitronensaft und Sahne glatt rühren. Je vier Scheibchen Entenbrust fächerförmig auf einen Teller legen. Daneben den Feldsalat plazieren und diesen mit der Sauce beträufeln.

Damit Sie die Entenbrust besser schneiden können, frieren Sie sie im Tiefkühlfach vor. Statt Entenbrust können Sie auch Bündnerfleisch servieren.

## Pekinglikör

Als „Likör“ bezeichnen die Chinesen eine stark konzentrierte, mild abgeschmeckte Rindfleischbrühe. Sie steckt voller belebender Kräfte. Und die Petersilie, deren aphrodisische Eigenschaften bereits von den alten Griechen und Römern geschätzt wurden, trägt das Übrige zur Wirkung bei.

*1 Beinscheibe*
*2 Markknochen*
*1 Bund Suppengrün*
*1 TL Salz*
*1 l Wasser*
*2 cl trockener Sherry*
*2 Zweige Petersilie*

Fleisch und Knochen abspülen. In kaltem Wasser aufsetzen. Salz zufügen. Suppengrün waschen, putzen und in den Topf geben. Zum Kochen bringen und den Schaum, der sich dabei bildet, abschöpfen. Danach mehr ziehen als kochen lassen. Das Ganze dauert etwa drei bis vier Stunden. Flüssigkeit auf ½ Liter einkochen. Suppe durchseihen. Den Sherry zufügen, alles pikant abschmecken. Sehr heiß in kleine vorgewärmte Tassen füllen. Mit gehackter Petersilie bestreuen und mit holländischem Käsegebäck (siehe Seite 88) servieren.

**Tip:** Im Sommer schmeckt der „Likör“ auch eisgekühlt. Sie können die Suppe noch kraftvoller gestalten, wenn Sie eine Petersilienwurzel putzen, würfeln und die letzten fünf Minuten mitkochen lassen.

# Seezungenröllchen in Weißweinsauce

*2 Seezungenfilets*
*Saft von ½ Zitrone*
*½ l Brühe*

*Sauce:*
*1 Eigelb*
*1 EL Weißwein*
*1 TL Brühe*
*Salz*
*weißer Pfeffer*
*75 g Butter*

*Petersilie zum Bestreuen*
*½ Zitrone*

Seezungenfilets der Länge nach halbieren, aufrollen und mit Zahnstochern in Form halten. Mit Zitronensaft beträufeln und 10 Minuten säuern, damit das Fleisch fest wird. Brühe erhitzen. Die Röllchen hineingeben. 5 Minuten darin ziehen, aber nicht kochen lassen. Danach die Filets herausnehmen, salzen und pfeffern und im Ofen warmhalten.
Sauce bereiten. Eigelb mit Weißwein und Brühe in eine Schüssel geben. Im Wasserbad cremig schlagen. Nach und nach die Butter zugeben und weiter rühren. Abschmecken. Auf jeden Teller einen „Spiegel" gießen, je zwei Röllchen darauf setzen. Mit gehackter Petersilie bestreuen und mit Zitronenachteln garnieren.

**Tip:** Dazu können Sie Blätterteigfleurons oder Toastbrotecken reichen.

## Sekt Surprise

Griechen und Römer waren große Feigenliebhaber, was sicher nicht nur auf den außergewöhnlichen Geschmack dieser Früchte zurückzuführen ist, sondern auch auf ihre aphrodisierende Wirkung. Und trugen nicht schon Adam und Eva ein Feigenblatt …?
An dieser Stelle im Menü ist der Sekt Surprise Intermezzo und Übergang zum folgenden Gericht.

*2 Stückchen Würfelzucker*
*Angostura*
*1 Feige*
*1 Pikkoloflasche Sekt*

Würfelzucker in zwei Cocktailgläser geben. Jeweils 4 Tropfen Angostura darauf träufeln. Darüber je eine Feigenscheibe legen und mit Sekt auffüllen.

**Tip:** Sie können die Gläser mit je einer Feigenscheibe verzieren.

# Wildschweinrouladen

*2 kleine, dünn geschnittene Wildschweinrouladen aus der Keule*
*schwarzer Pfeffer aus der Mühle*
*edelsüßes Paprikapulver*
*2 dünne Scheiben geräucherter Bauchspeck*
*10 Trockenpflaumen*
*1 EL Schmalz*
*1 kleine Zwiebel*
*1 Zweig Rosmarin*
*1 Tasse Brühe*
*1 Tasse Rotwein*
*1 EL saure Sahne*
*1 EL dunkler Saucenfixbinder*
*Rouladennadeln oder Garn zum Binden*

Fleisch mit Pfeffer und Paprika einreiben, mit Speck belegen. Auf jede Roulade zwei oder drei Trockenpflaumen legen und aufrollen. Rouladen feststecken oder -binden.
Schmalz in einem Bräter zerlassen. Fleisch rundherum anbraten. Zwiebel schälen, klein würfeln und kurz mitbraten, mit Brühe ablöschen, Rosmarin zugeben und bei geschlossenem Topf eine Stunde schmoren lassen.
In der Zwischenzeit die restlichen Pflaumen in Rotwein quellen lassen und nach der Stunde zu den Rouladen geben und 15 Minuten mitschmoren. Rouladen, Pflaumen und Rosmarinzweig herausnehmen. Garn oder Nadeln entfernen. Fleisch und Pflaumen warm stellen.
Die Sauce mit saurer Sahne verquirlen und mit Saucenfixbinder andicken. Einen Teil der Sauce über die Rouladen gießen, den Rest extra reichen.

# Fenchelgratin

Schon im Kamasutra wird Fenchel als himmlisches Mittel gerühmt, die Manneskraft zu fördern.

*3 kleine Fenchelknollen*
*Saft von 1/2 Zitrone*
*1/2 l gesalzenes Wasser*
*1 TL Butter*
*1 EL Mehl*
*1/2 TL gekörnte Brühe*
*1 EL Sahneschmelzkäse*
*1 EL Crème fraîche*
*1 Prise Zucker*
*50 g geraspelter Gouda*

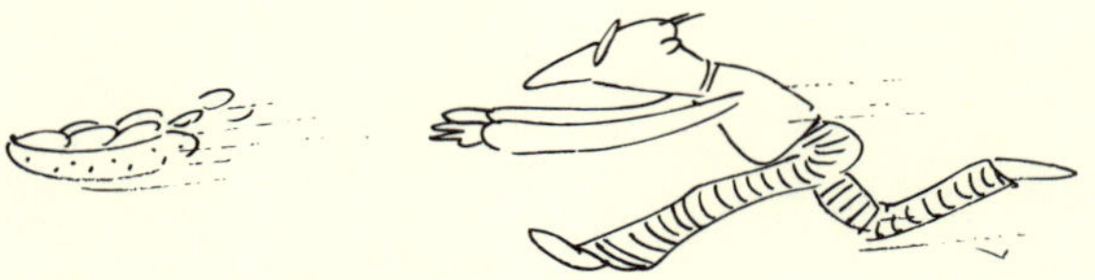

Fenchelknollen waschen. Stielansätze und das Grün abschneiden. Das Grün aufbewahren. Knollen senkrecht halbieren. Wurzelansätze keilförmig herausschneiden. Salzwasser mit Zitronensaft zum Kochen bringen. Fenchelhälften darin bißfest garen. Fenchel herausheben und das Wasser auffangen.
Backofen auf 250 °C, Heißluft 230 °C, Gas Stufe 5–6 vorheizen.
Eine kleine Auflaufform mit Butter ausstreichen. Fenchelhälften mit der Schnittfläche nach unten nebeneinander hineinlegen. Butter in einem Topf aufschäumen, Mehl einstäuben, glatt rühren und mit Gemüsewasser und Brühpulver ablöschen, so daß eine dicke Sauce entsteht. Schmelzkäse und Crème fraîche einrühren. Mit Zucker süß-sauer abschmecken und über den Fenchel gießen. Mit Gouda bestreuen und im Backofen 10 Minuten überbacken. Das Grün hacken und über das Fenchelgratin streuen.

## Großmutters Zitronencreme

Mit dieser tropischen Frucht kommt immer etwas von der Frische und Leichtigkeit des Südens zu uns auf den Tisch. Hier essen auch die Augen mit, denn das Gelb dieser Speise wirkt belebend und anregend.

*2 Zitronen*
*Wasser*
*2 Eier*
*1/8 l Sahne*
*50 g Zucker*
*1 Päckchen gemahlene weiße Gelatine*

Gelatine mit etwas kaltem Wasser entsprechend dem Packungshinweis zum Quellen ansetzen. Zitronen auspressen und mit der gleichen Menge Wasser strecken. Eier trennen.
Eigelbe, Zitronensaft und Zucker schaumig schlagen. Die aufgelöste Gelatine kräftig darunter schlagen. In den Kühlschrank stellen. Wenn die Creme beginnt, fest zu werden, Eiweiß und Sahne steif schlagen und vorsichtig darunter heben. In Gläser füllen und bis zum Verzehr kühl stellen.

**Tip:** Die Zitronencreme nach Geschmack mit einem Sahnehäubchen oder Pralinen garnieren.

## Schokoladen-Dessert

*150 ml entfettete Milch (1,5 % Fett)*
*150 g zartbittere Schokolade oder Kuvertüre*
*50 g feiner Zucker*
*1 TL Mokkapulver*
*4 Eigelbe*
*2 cl Pfefferminzlikör*
*2 TL geschlagene Sahne*
*frische Pfefferminzblättchen*

Schokolade und Zucker in warmer Milch auflösen und mit Mokkapulver erhitzen. Eigelbe einzeln darunterschlagen. Erhitzen, aber nicht mehr kochen, sonst flockt das Eigelb aus. Stocken lassen und dabei den Likör zugeben. In zwei Schälchen verteilen und leicht erkalten lassen. Auf jede Portion einen Tupfer Sahne geben und mit Pfefferminzblättchen verzieren.

# Ein Herz laviert nicht

Ich nenne keine Freundschaft heiß,
Die niemals, wenn's ihr unbequem,
Den Freund zu überraschen weiß
Trotzdem.

Denn wenn sie Zeit und Mühe scheut,
Ein Unverhofft zu bringen,
Das einen Freund unendlich freut,
Dann hat sie keine Schwingen.

Den Umfang einer Wolke mißt
Kein Mensch. Weil sie nicht rastet,
Noch ihre Freiheit je vergißt. –
Ich glaube: Keine Wolke ist
Mit Arbeit überlastet.

Joachim Ringelnatz

# Sommermenü

## Apfel-Möhren-Salat bretonischer Art

*½ Bund frische, junge Möhren*
*2 kleine Sommeräpfel*
*1 Röhrchen Sardellen*
*1 EL Zitronensaft*
*1 EL Wasser*
*2 EL Sonnenblumenöl*
*½ TL Salz*
*1 TL Zucker*
*weißer Pfeffer aus der Mühle*

Möhren kurz waschen und putzen. Äpfel schälen, halbieren und entkernen. Mit einer Reibe oder im Mixer Möhren und Äpfel fein raspeln. Sofort mit Zitronensaft beträufeln. Danach Öl, Wasser, Salz und Zucker unterheben. Mit Pfeffer bestreuen. Sardellen kurz wässern. Den Salat auf zwei kleine Teller verteilen. Sardellenfilets gitterartig darauf arrangieren.

## Sauerampfersuppe

Sauerampfer gibt es sowohl als wildwachsendes wie auch als gezüchtetes Kraut, dessen junge Blätter reich an Vitamin C, Mineralstoffen und Oxalsäure sind. Sauerampfer regt den Appetit an und reinigt das Blut.
Wenn Sie den Sauerampfer gemeinsam bei einem schönen Spaziergang sammeln, macht das Kochen und Genießen der Suppe noch mehr Freude.

*1 Durchschlag Sauerampfer*
*3/4 l Fleischbrühe*
*1 EL Butter*
*1 kleine Zwiebel*
*1 EL Mehl*
*100 g Kräuterfrischkäse oder Crème fraîche mit Kräutern*
*1 TL Zitronensaft*
*1 Prise Zucker*
*1/8 l süße Sahne*
*1 Prise Salz*

Sauerampfer waschen. Die dicken Stiele abschneiden und aus den Blättern lösen. Fleischbrühe erhitzen. Sauerampfer darin 5–7 Minuten kochen. Öfter umrühren. Mit dem Schneidestab pürieren. Zwiebel häuten und ganz fein würfeln. Butter zerlassen. Zwiebelwürfel darin glasig schmoren. Mit Mehl überstäuben und mit etwa 1/4 l der grünen Brühe ablöschen (den Rest einfrieren). Mit Kräuterfrischkäse oder Crème fraîche verfeinern und mit Zitronensaft und Zucker süß-sauer abschmecken.
Sahne mit Salz steif schlagen. Die Suppe auf 2 Tassen verteilen und mit einem Sahnehäubchen garniert servieren.

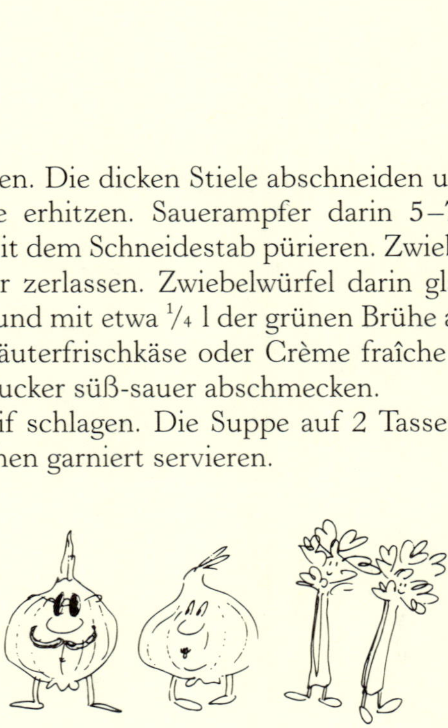

# Graved Lachs mit Senfsauce auf Rösti

## Rösti:

*3 dicke Kartoffeln*
*2 Eier*
*Salz*
*1 TL Mehl*
*Öl zum Braten*

Kartoffeln schälen und grob raspeln. In eine Schüssel füllen. Eier und Mehl darunter mengen. Mit Salz abschmecken. Eine Pfanne mit reichlich Öl erhitzen. Kleine Metallringe in die Pfanne legen und je einen Eßlöffel Teig hinein geben. Wenn die Rösti von unten braun werden, Ringe entfernen, Plätzchen herumdrehen und von der anderen Seite braun braten. Im Backofen warm halten.

## Senfsauce:

*2 EL süßer Senf*
*1 EL Weißwein*
*1 EL Olivenöl*
*1 Prise Salz*
*etwas Zucker nach Geschmack*
*1 TL frische Dillspitzen*

Alle Zutaten gut verrühren.

## Graved Lachs:

Lassen Sie sich beim Fischhändler von einer Seite Lachs nicht allzu dünne Scheiben schneiden.

Je zwei Rösti auf zwei Teller verteilen. Darauf den Lachs anrichten. Etwas Sauce halb auf den Lachs, halb auf den Teller träufeln. Mit Dillzweigen garnieren.

# Kir royal mit schwarzen Johannisbeeren

Dieses erfrischende Getränk soll den Geschmack für den nächsten Menügang neutralisieren. Wählen Sie dazu schwarze Johannisbeeren. Sie sind unter den Beeren die vitaminreichsten und steigern in Verbindung mit Alkohol das Liebesbedürfnis ungemein.

*2 EL schwarze Johannisbeeren*
*2 EL Cassis-Likör*
*2 TL Cassis-Eis*
*etwas roter Sekt*

Johannisbeeren waschen, von den Stengeln zupfen und in zwei Sektschalen verteilen. Mit Likör beträufeln und eine Stunde ziehen lassen.
Vor dem Servieren Cassis-Eis darauf geben. Mit soviel Sekt begießen, daß die Beeren gerade bedeckt sind, nicht aber das Eis. Langstielige Eislöffel dazu legen.
Wollen Sie die Gläser vorher hübsch verzieren, dann geben Sie auf zwei Untertassen je einen Eßlöffel Zucker und Zitronensaft. Drehen Sie die Gläser zuerst durch den Zitronensaft und dann durch den Zucker. So erhalten Sie einen hübschen Zuckerrand. Ebenso können Sie auch mit den Johannisbeerrispen verfahren, die Sie zur Dekoration in die Gläser hängen.

## Liebessteak

Das Rindersteak, der kräftige Sud und die frischen Kräuter machen dieses Gericht zu einer kulinarischen Besonderheit. Außerdem gelten Steaks als hervorragende Aphrodisiaka für den Mann.
Junge Weinbergschnecken gehörten schon in der Antike zu den beliebten Delikatessen. In den Weinbergen Burgunds hatten die Römer die köstlichen Tiere entdeckt und sogar Schneckengärten angelegt, in denen die begehrten Leckerbissen gemästet wurden.

*2 doppelt dicke Steaks*
*8 Schnecken aus der Dose*
*2 TL Kräuterbutter*
*grüner Pfeffer*
*Öl*
*Salz*

Steaks waagerecht zu einer Tasche aufschneiden. Schnecken mit etwas Sud und Kräuterbutter hineinfüllen. Tasche mit Rouladennadeln verschließen. Einige zerhackte Pfefferbeeren in das Fleisch drücken. Öl erhitzen und die Steaks auf beiden Seiten je fünf Minuten lang braten. Erst zum Schluß salzen. Kurz ruhen lassen.

Und dazu:

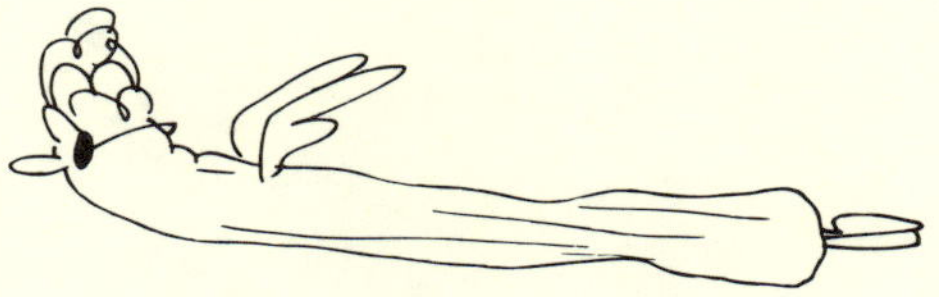

## Spargel mit Sauce Béarnaise und Fächerkartoffeln

Im alten Orient, im klassischen Griechenland und im römischen Imperium wußten die Herrscher bereits ein Loblied auf die Wirksamkeit des Spargels zu singen. Sie schätzten ihn nicht nur als Heilmittel und delikates Gemüse, sondern auch als potenzsteigernde Zutat. Die vornehmen Römer, die ihre Sommerzeit in Frankreich verbrachten, ließen dort große Spargelbeete anlegen, damit sie auf das geliebte Gemüse nicht verzichten mußten. Der Spargel war bei den alten Römern der Venus geweiht, was er wohl vor allem seinem phallusartigen Aussehen verdankte.

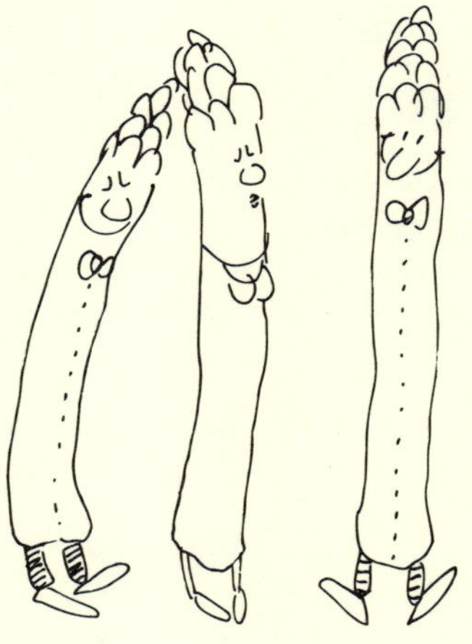

### Spargel:

*10 Stangen Spargel*
*1 l Wasser*
*1 TL Salz*
*1 TL Zucker*
*1 TL Butter*

Spargel waschen, schälen und auf gleiche Länge schneiden. Wasser mit Salz, Zucker und Butter zum Kochen bringen. Spargelstangen 15–20 Minuten darin garen. Etwas Spargelsud für die Sauce aufheben. Sollte der Spargel gar sein, bevor Sie die Sauce bereitet haben, so legen Sie eine Platte mit einer Serviette aus, häufen den Spargel darauf und halten ihn im Backofen warm.

## Sauce Béarnaise:

*2 Schalotten*
*6 EL Weißwein*
*1 TL Weißweinessig*
*1 TL Estragon (getrocknet)*
*3 Pfefferkörner*
*3 Eigelbe*
*Salz*
*1 Prise Zucker*
*6 El Spargelsud*
*100 g Butter*

Zwiebeln schälen, halbieren und zusammen mit Wein, Essig, Estragon und Pfefferkörnern 5 Minuten einkochen. Den Sud durch ein Sieb gießen und leicht abkühlen lassen. Eigelbe mit Salz, Zucker und Spargelsud schaumig schlagen.
Butter in einem kleinen Topf schmelzen. Die Eigelbmasse ins heiße Wasserbad stellen und den Gewürzsud einschlagen, bis die Masse dicklich wird. Dann die Butter langsam unter Rühren einlaufen lassen. Die Sauce darf auf keinen Fall kochen.

**Tip:** Reste können eingefroren werden. Im Wasserbad auftauen und erhitzen.

## Fächerkartoffeln:

*4-6 mittelgroße Frühkartoffeln, festkochend*
*1/8 l Sahne*
*Salz*
*Pfeffer*
*Butterflöckchen*

Backofen auf 220 °C, Heißluft 200°C, Gas Stufe 4–5 vorheizen.
Kartoffeln hauchdünn schälen und waschen. Eine kleine Auflaufform buttern. Kartoffeln im Millimeterabstand 3/4 tief einschneiden. Vorsicht – nicht durchschneiden! Mit den Schnittstellen nach oben dicht aneinander in die Form legen. Mit Sahne beträufeln, mit Salz und Pfeffer leicht bestreuen. Auf jede Kartoffel ein Butterflöckchen setzen. Im Backofen auf der mittleren Schiene in etwa 30 Minuten garen. Die Kartoffeln springen, wenn sie gar sind, leicht auseinander wie ein Fächer und sollten goldbraun gebacken sein.

## Zimtparfait mit Himbeeren

Die Himbeere gehört zu den aromatischsten Beerenfrüchten, die wir kennen. Sie stammt aus Asien, wo es auch heute noch mehr als 200 Himbeerarten gibt. Nicht nur ihr Duft ist üppig, würzig und berauschend. Geben Sie sich ihrem Genuß hin!

*3 Eigelbe*
*75 g Zucker*
*1 TL Vanillezucker*
*1 TL Zimt*
*¼ l süße Sahne*
*1 Spritzer Zitronensaft*
*250 g Himbeeren*
*1 EL Zimtzucker*

Eigelbe mit Zucker im Wasserbad schaumig schlagen. In ein Gefäß mit Eisstücken oder mit sehr kaltem Wasser setzen und unter Schlagen abkühlen lassen. Sahne steif schlagen. Zimt und Zitronensaft hinzufügen und alles unter die Eigelbmasse heben.
Eine kleine Kastenform mit Folie auslegen. Parfait einfüllen und im Tiefkühlfach fest werden lassen. Himbeeren vorsichtig waschen und mit Zimtzucker bestreuen. Parfait auf eine Platte stürzen. Himbeeren auf und neben dem Parfait verteilen.

## Rendezvous am Wok

Spaß macht nicht nur das gemeinsame Vorbereiten. Auch das „Köcheln" zu zweit am Tisch ist vergnüglich. Schon das Einfüllen der köstlichen Zutaten in die vielen Schälchen (sie werden um den Wok plaziert) weckt Vorfreude auf einen besonderen Eßgenuß.
Gemeinsam kochen, gemeinsam genießen. Himmlisch!

*250 g Hähnchenbrust*
*Salz*
*Pfeffer*
*1 EL Reiswein*
*200 g Chinakohl*
*1/2 Dose Bambussprossen*
*2 (oder 1/2 Dose) Papayas*
*1 EL Chilisauce*
*1 Prise gemahlener Ingwer*
*1 Prise Kurkuma*
*3 EL Walnußöl*
*2 EL Walnüsse oder Cashewkerne*
*1 EL Chinapilze oder ersatzweise Champignons*

Hähnchenbrust in Streifen schneiden, salzen, pfeffern und mit Reiswein beträufeln. Chinakohl waschen und in Streifen schneiden. Bambussprossen abtropfen lassen. Papayas mit etwas Papayasaft, Chilisauce, Ingwer, Kurkuma, 1 Prise Salz und Pfeffer verrühren. Chinapilze (falls getrocknet, vorher nach Anweisung quellen lassen) mit Walnüssen mischen. Alle Zutaten in verschiedene kleine Chinaschalen füllen.
Wok am Tisch auf das Stövchen setzen und erhitzen. Öl zufügen und erwärmen. Alle Zutaten aus den Schälchen der Reihe nach in den Wok geben und unter Rühren garen. Das Gericht muß scharf-würzig schmecken.

**Tip:** Dazu können Sie Reis und heißen Reiswein reichen. Und probieren Sie doch einmal, mit Stäbchen zu essen. Da kommt Freude auf!

Gemütlich und sinnlich kann auch ein Abend zu Hause sein. Sei es vor dem Kamin, auf einem kuscheligen Sofa oder in den wärmeren Jahreszeiten auf dem Balkon, der Terrasse oder ganz romantisch in der Gartenlaube. Etwas zu knabbern und zu nippen gehört unbedingt dazu. Das regt an und läßt den Energiepegel nicht absinken. Außerdem erhöht es die Gemütlichkeit. Anstelle von Gebäck – ob süß oder salzig – hier einige Vorschläge, die ein Abendessen ersetzen können und dem Naschen Vorschub leisten. Besonders appetitlich sieht es aus, wenn Sie die Schälchen mit den diversen Saucen sowie die übrigen Dipmöglichkeiten liebevoll in einem flachen Weidenkorb oder auf einem Tablett ansprechend dekorieren. Sie wissen am besten, was Ihrem Schatz behagt und womit Sie ihn begeistern können, sei es mit Kerzenlicht, frischen Blumen, Musik…

Hier alles für ein gelungenes **Stipp und Dip**

Das eignet sich zum Dippen:
Käsewürfel, Oliven, Paprikascheiben, Ananaswürfel, Bananen-, Apfelsinen- und Apfelscheiben, Weintrauben, gesalzene Kräcker, Türkische Sigaras (siehe Seite 122) und:

Hackfleischbällchen mit genußvollem Innenleben

Saucen:
- Currysauce
- Thunfischsauce
- Remoulade
- Scharfe Rosinensauce
- Kaviarsauce
- Teufelssauce

Stellen Sie Cocktailspießchen dazu, damit man sorglos dippen kann – oder riskieren Sie es, mit den Fingern zu essen?

## Hackfleischbällchen mit genußvollem Innenleben

Wenn sie am Abend selbst wenig Zeit haben, können Sie diese Bällchen schon am Tag vorher zubereiten und im Kühlschrank aufbewahren. Das gilt auch für die Saucen.

*500 g Gehacktes (halb Rind, halb Schwein)*
*1 Ei*
*1 Zwiebel*
*1 EL Paniermehl*
*Salz*
*Pfeffer*

*Für das Innenleben:*
*Oliven*
*Käse, gewürfelt (Schafskäse, Gouda)*
*Mandeln (im Stück, abgezogen)*
*gehackte Mandeln*
*Trockenpflaumen ohne Stein*
*frische Kirschen*

*1 EL Fett zum Braten*

Zwiebel schälen und würfeln. Hackfleisch mit Zwiebelwürfeln, Ei, Paniermehl, Salz und Pfeffer gut verkneten. Kleine Bällchen formen. In die Mitte eine Mulde drücken und je eine der Zutaten für das Innenleben (z. B. eine Olive, einen Käsewürfel) hineingeben. Das Ganze wieder zu einem Bällchen formen. Die mit Mandeln gefüllten Bällchen durch gehackte Mandeln drehen. Bällchen in heißem Fett goldbraun braten. Auf Küchenkrepp auskühlen lassen.

## Currysauce

Die aphrodisierende Wirkung von Curry wird vor allem von den Indern geschätzt. Betörend gut ist die Zusammenstellung von süß und scharf.

*1 EL Butter*
*1 EL Mehl*
*1 EL Currypulver*
*½ Tasse Brühe*
*1 Becher süße Sahne*
*1 EL Ananasraspeln oder Rosinen (oder beides)*

Butter im Topf zerlassen. Curry und Mehl darin anschwitzen und mit Brühe ablöschen. Zu einem glatten Brei rühren. Mit Sahne zu einer nicht zu weichen Sauce schlagen. Einmal aufkochen. Mit Ananas oder Rosinen abschmecken. Auskühlen lassen. Dabei mehrfach umrühren.
Vorsicht bei den Ananasraspeln. Sie machen die Sauce schnell zu dünn. Deshalb vorher fest auspressen.

## **Thunfischsauce**

Der Thunfisch ist mit seinen bis zu 4 Metern Länge ein beeindruckender, kraftvoller Fisch, dessen Fleisch aphrodisierende Wirkung hat. Leider verliert sie sich in der Dose fast vollständig. Aber allein der Geschmack dieser Soße wirkt anregend auf die Sinne.

*2 EL Mayonnaise*
*2 EL Joghurt*
*1 hartgekochtes Ei*
*2 Sardellenfilets (dürfen auch fehlen)*
*1 Dose Thunfisch*
*Saft von ½ Zitrone*
*Salz*
*Pfeffer*
*1 EL Kapern*

Mayonnaise und Joghurt zu einer Sauce verrühren. Ei und Sardellen fein hacken. Thunfisch zerdrücken. Alles zur Sauce geben und glatt rühren. Mit Zitronensaft, Salz und Pfeffer würzen und mit Kapern verfeinern. Die Sauce läßt sich im Mixer schnell zubereiten. Nur die Kapern dürfen nicht püriert werden.

## Remoulade

Die Remoulade enthält einige anregende Zutaten, die sich in dieser Zusammenstellung in ihrer Wirkung ergänzen und verstärken. Der Ruf der Zwiebel als Aphrodisiakum ist sagenhaft. Eier wurden schon zu früheren Zeiten häufig als Zutaten für Liebesmittel und Zaubergetränke verwendet. Und über die Petersilie wußte Apicius zu berichten, daß sie Liebeswirkungen hervorrufe.

*2 EL Mayonnaise*
*2 EL Joghurt*
*2 EL Sahne*
*1 EL mittelscharfer Senf*
*Salz*
*Pfeffer*
*1 Zwiebel*
*1 hartgekochtes Ei*
*2 kleine Gewürzgurken*
*1 EL gehackte Petersilie*
*1 EL Schnittlauchröllchen*

Mayonnaise, Joghurt, Sahne und Senf zu einer dicken glatten Sauce verrühren. Mit Salz, Pfeffer und Gurkenwasser pikant abschmecken. Zwiebel schälen und würfeln. Ei und Gewürzgurken klein hacken.
Alle Zutaten gut verrühren und durchziehen lassen. Nach Geschmack mit einer Prise Zucker verfeinern.

## Scharfe Rosinensauce

Sellerie ist ein Aphrodisiakum par excellence, das in eingemachter Form seine Wirkung zwar verringert, aber nicht einbüßt. Und zusammen mit Rosinen, Äpfeln und Chili ergibt es einen ganz besonderen Geschmack.

*1 ½ Becher Sahne (oder Crème fraîche)*
*Zitronensaft*
*Salz*
*1 Messerspitze Dillspitzen*
*100 g Rosinen*
*1 Zwiebel*
*2 saure Äpfel*
*3 EL gewürfelter Sellerie (Glas)*
*1 ½ EL echte Chilisauce (Vorsicht, sehr scharf)*

Sahne cremig schlagen. Mit Zitronensaft, Salz und Dill abschmecken. Rosinen waschen und abtrocknen. Äpfel und Zwiebel schälen und würfeln. Alles gut vermengen und mit Chilisauce abschmecken. Nur echte chinesische Chilisauce verwenden! Deutsche Sorten schmecken zu sehr nach Ketchup und sind nicht scharf genug.
Die Sauce muß mehrere Tage stehen und quellen, ehe sie den richtigen Geschmack erreicht. Sie kann gut eingefroren werden. Dann zwei Tage vor Gebrauch auftauen und mehrfach umrühren.

## Kaviarsauce

Kaviar gilt als leicht bekömmliches, edles Aphrodisiakum. Echter Kaviar sind die reifen Eier des Störs, der in den Nordmeeren vorkommt. Früher war dieser Leckerbissen den russischen Zaren und Kaisern vorbehalten. Heute können Sie Ihren Schatz damit verwöhnen.

*2 hartgekochte Eigelbe*
*2 Eigelbe*
*Saft einer Zitrone*
*2 EL Öl*
*4 EL saure Sahne*
*1 Prise weißer Pfeffer*
*4 TL Kaviar*

Hartgekochte Eigelbe durch ein Sieb passieren. Mit verquirlten Eigelben und Zitronensaft glatt verrühren. Öl tropfenweise hineinrühren. Saure Sahne unterziehen. Mit Pfeffer abschmecken. Kaviar unterheben.

**Tip:** Erschwinglicher, aber ebenfalls delikat, ist der rote Forellenkaviar. Zur Not tut es auch preiswerter Seehasenrogen.

## Teufelssauce

Die hat es in sich!

*3 EL Mayonnaise*
*1 EL Ketchup*
*2 EL Sahne*
*1 rote Pfefferschote*
*1 Zwiebel*
*scharfes Paprikapulver*
*1 EL grüner Pfeffer*
*1 EL gehackte Petersilie*
*Salz*
*1 Prise Zucker*

Mayonnaise, Ketchup und Sahne zu einer weichen Sauce verrühren. Zwiebel und Pfefferschote ganz fein hacken (am besten im Mixer). Alle Zutaten vermischen und höllisch scharf abschmecken.

## Warum

Nicht du
um der Liebe willen
sondern
um deinetwillen
die Liebe
(und auch
um meinetwillen)

Nicht
weil ich lieben
muß
sondern weil ich
dich
lieben
muß

Vielleicht
weil ich bin
wie ich bin
aber sicher
weil du
bist
wie du bist

Erich Fried

# Nach dem Theaterbesuch

Nach einem Theater-, Kino- oder Konzertbesuch sind die Sinne noch hellwach, im Körper aber hat sich schon wohlige Müdigkeit ausgebreitet. Um das Erlebte in schöner Zweisamkeit nachklingen zu lassen und die Lebensgeister noch einmal anzuregen, überraschen Sie Ihren Gast mit einem Mitternachtshäppchen. Leicht muß es sein, Ihr kulinarisches Betthupferl, denn Liebe verträgt bekanntlich keinen schweren Magen. Und schnell muß es auf den Tisch zu bringen sein, damit die gelöste Stimmung nicht im Küchendunst erstickt.
Natürlich haben Sie alles am Tage fix und fertig vorbereitet: Es ist nur noch die appetitlich dekorierte kalte Platte aus dem Kühlschrank zu holen, der Topf mit der Mitternachtssuppe kurz zu erhitzen oder das marinierte Fleisch einige Minuten in der Pfanne zu braten.
Ein edler Tropfen rundet den Abend ab: Zu den Fischgerichten paßt ein trockener Chablis oder Badenser, zum Lamm ein guter Bordeaux und zum Dessert ein Südwein oder Sekt.
Aus den folgenden Anregungen können Sie eine auswählen oder aus dreien davon ein Mini-Menü zaubern – dann dürfen die einzelnen Portionen winzig sein (Angaben entsprechend halbieren):

# Marinierte Forellenfilets

*4 geräucherte Forellenfilets*
*1 hartgekochtes Ei*

Forellen auf zwei Teller verteilen. Ei pellen und fein hacken. Über die Forellen streuen.

Das feine Räucheraroma wird von der Marinade, die Sie tagsüber aus folgenden Zutaten vorbereitet haben, noch erhöht.

*Marinade:*
*1 EL Sonnenblumenöl*
*50 g Schinkenwürfel*
*1 Zwiebel*
*1 TL grob gemahlener schwarzer Pfeffer*
*1 Petersilienwurzel*
*1 Möhre*
*1 kleiner Apfel*
*1 EL Weißweinessig*
*2 EL Wasser oder Gemüsebrühe*
*½ TL Zucker*
*1 Zweig Rosmarin*
*1 Zweig Zitronenmelisse*
*Petersilie*

Für die Marinade den Schinken noch kleiner hacken. Zwiebel häuten und würfeln. Petersilienwurzel und Möhre waschen, leicht schaben und würfeln. Apfel schälen, Kerngehäuse entfernen und würfeln.

Öl in einer Pfanne erhitzen. Die gewürfelten Zutaten leicht anbraten. Mit Essig und Wasser oder Brühe ablöschen. Leicht einkochen lassen. Nadeln vom Rosmarinzweig und Blätter der Zitronenmelisse abzupfen. Alle Kräuter fein hacken und in die Marinade rühren.

**Tip:** Reichern Sie die Marinade mit einem Eßlöffel Kapern an.

Wenn Sie heimkommen, erwärmen Sie die Filets und die Marinade separat nur leicht in der Mikrowelle, gießen die Marinade über die Filets und servieren sie mit Vollkorn- oder Partybrötchen.

## Animierhäppchen

Diese Häppchen machen schon von den Zutaten her ihrem Namen alle Ehre.

*15–21 Kräcker*
*1 Tube Lachspaste*
*1 Scheibe Räucherlachs*
*einige Zweige Dill*
*1 Tube Kaviarpaste*
*1 kleines Glas Forellenkaviar*
*1 geräuchertes Forellenfilet*
*1–2 hartgekochte Eier*
*2–3 TL Preiselbeeren*

⅓ der Kräcker dick mit Lachspaste bestreichen. Lachsscheibe in Streifen schneiden und kreuzweise obenauf legen. Mit Dill garnieren.
⅓ der Kräcker mit Kaviarpaste bestreichen. Kaviar darauf häufen und mit je einer Eischeibe garnieren.
⅓ der Kräcker mit Forellenstückchen belegen, nach Geschmack vorher mit Forellenpaste bestreichen. Mit Preiselbeeren verzieren.

**Tip:** Wenn es am Abend ganz schnell gehen soll, wählen Sie statt der Kräcker runde Pumpernickelscheibchen. Sie weichen nicht durch, während sie fertig dekoriert im Kühlschrank auf Ihr Heimkommen warten.

## Die Liebe

Die Lebe hemmet nichts, sie kennt nicht Tür noch Riegel
Und dringt durch alles sich,
Sie ist ohn Anbeginn, schlägt ewig ihre Flügel
Und schlägt sie ewiglich.

Matthias Claudius

## Türkische Sigaras

*2 Platten TK-Blätterteig*
*200 g Feta (Schafskäse)*
*2 EL Petersilie*
*2 EL Sahne*

Backofen auf 220 °C, Heißluft 200 °C, Gas Stufe 4–5 vorheizen.
Teigplatten lang ausrollen. Schafskäse mit Sahne glatt rühren. Petersilie hacken und damit vermengen. So auf den Teig geben, daß man Teig und Füllung wie Zigarren rollt. In Zigarrenlänge schneiden und an den Schnittstellen andrücken. Kühl stellen.
Am Abend mit der Naht nach unten auf ein mit Wasser bespritztes Backblech legen und im Backofen 10 Minuten backen. Die Sigaras sehen schöner aus, wenn sie vor dem Backen mit Eigelb bestrichen und mit Paprikapuder bestäubt werden. Warm essen.

## Badische Schneckensuppe

Schon im alten Rom galt die Schnecke als Delikatesse für Feinschmecker. Dort legte ein Zeitgenosse des Lukull bereits kurz vor der Zeitenwende ein Schneckengehege an, aus dem er die verwöhnten Gaumen des römischen Adels speiste. Die Schneckensuppe können Sie am Tage vorbereiten und abends sehr heiß mit Sahnetupfer und Petersilie anrichten.
Dazu passen Grissini oder Käsegebäck.

*1 Dose (24 Stück) Schnecken*
*½ Stange Lauch*
*20 g Butter*
*1 TL grüner Pfeffer*
*1 TL Mehl*
*⅛ l Rinder- oder Hühnerbrühe*
*⅛ l Sahne*
*100 g Kräuterfrischkäse*
*⅛ l trockener badischer Weißwein*
*1 ungespritzte Zitrone*
*1 Prise weißer Pfeffer*
*1 Prise Zucker*
*1TL gehackte Petersilie*
*2 Tupfer geschlagene, leicht gesalzene Sahne*

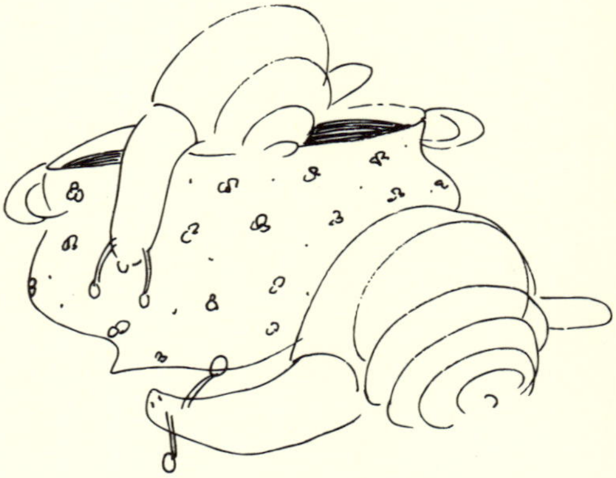

Schnecken abgießen, Sud auffangen. Schnecken grob zerkleinern. Lauch waschen und in feine Ringe schneiden. Butter in einem Topf zerlassen. Schnecken und Lauch leicht anrösten. Mit grünem Pfeffer würzen. Mehl darüber stäuben, umrühren und mit Brühe ablöschen. Schneckensud dazugeben und aufkochen. Danach Sahne, Käse und Wein hineingeben und 5 Minuten kochen. ½ Teelöffel abgeriebene Zitronenschale und einige Spritzer Zitronensaft zur Suppe geben. Mit Zucker und Pfeffer abschmecken.

## Avocadosuppe

Die sattgrün glänzende, aus Mexiko, den Südseeinseln, Südafrika oder Israel stammende, birnenförmige Frucht wird auch „Butter des Waldes“ genannt. Die exotischen Früchte sind reich an pflanzlichem Fett und müssen reif sein, um ihren nussig-buttrigen Geschmack voll zu entfalten. Sie testen dies beim Einkaufen durch leichten Druck auf die Schale: Gibt sie nach, können Sie zugreifen.
Die Herstellung dieser Avocadosuppe geht so schnell, daß Sie sie frisch am Abend zubereiten sollten, zumal das Fruchtfleisch sehr schnell braun wird.

*1 Tasse Hühnerbrühe*
*1 Tasse Sahne*
*1 reife Avocado*
*Weißwein*
*1 TL Zitronensaft*
*Salz*
*weißer Pfeffer*

Brühe erhitzen. Sahne hineinrühren. Avocado schälen. Kern entfernen. Dreiviertel der Frucht in Stücke schneiden, in der Suppe erhitzen und pürieren. Mit Wein und Zitronensaft abschmecken. Mit Salz und Pfeffer würzen. Restliches Avocadoviertel in kleine Scheiben schneiden und in Suppentassen verteilen. Sofort mit der Suppe begießen.

**Tip:** Wenn Sie eine lebendige Erinnerung an diesen Abend bewahren wollen, entfernen Sie die dicke grünliche oder braune Haut des Kerns und setzen ihn mit der Spitze nach oben auf ein mit Wasser gefülltes Schnapsglas, so daß er eben ins Wasser ragt. Stellen Sie ihn ans Licht, sorgen Sie regelmäßig für frisches Wasser und freuen Sie sich an den Wurzeln und Blättchen, die er hoffentlich bald treibt. Es kann auch Wochen dauern! Und wenn Sie ihn dann in Erde setzen, wird mit etwas Gärtnerglück ein exotisches Bäumchen daraus.

## Lammfilets provenzalisch

Das Lamm ist der Liebesgöttin heilig. Sein Fleisch ist leicht verdaulich und vitaminreich - also bestens geeignet für ein mitternächtliches Tête-à-Tête. Die echten Lammfilets brauchen nur wenige Minuten in der Pfanne. Sie werden köstlich zart und dürfen innen noch rosa sein. Lassen Sie sich die größeren, meist eckig geschnittenen „Lammlachse" oder „Lammsteaks" aus dem Rückenfleisch nicht als echte Filets verkaufen!
In Südfrankreich weiß man Lammfleisch köstlich animierend und variationsreich zuzubereiten. Das folgende Rezept besticht durch den Zusammenklang von Provencekräuterduft und Orangenaroma. Alles bis auf das Braten selbst können Sie bereits am Tag vorbereiten.

*4 Lammfilets, gut abgehangen*
*Salz*
*schwarzer Pfeffer aus der Mühle*
*2 TL Kräuter der Provence*
*1 Zwiebel*
*1 große, ungespritzte Orange*
*1 EL Butter*
*$^1/_8$ l Sahne*
*2 Scheiben dunkles Brot*
*2 TL Mayonnaise*

Filets häuten. Mit Salz und Pfeffer einreiben. In den Kräutern wälzen und diese gut andrücken. Kühl stellen.
Am Abend Zwiebel abziehen und fein würfeln. Orange abwaschen, hauchdünn schälen und auspressen. Schale in feinste Streifen schneiden (1 Eßlöffel genügt).
Backofen auf 150 °C, Heißluft 130 °C, Gas Stufe 2 vorheizen.
Butter in einer Pfanne zerlassen. Filets mit den Zwiebelwürfeln etwa 3 Minuten von jeder Seite braten. Filets aus der Pfanne nehmen und im Ofen warm halten. Fett in der Pfanne lassen. Orangenschalenstreifen und Orangensaft hinzugeben, mit Sahne ablöschen und kurz aufkochen.
Brot mit Mayonnaise oder Remoulade bestreichen. Filets darauf legen. Die Sauce gesondert reichen.

**Tip:** Falls Sie nicht für Lamm schwärmen, versuchen Sie es mit Hasenfilets.

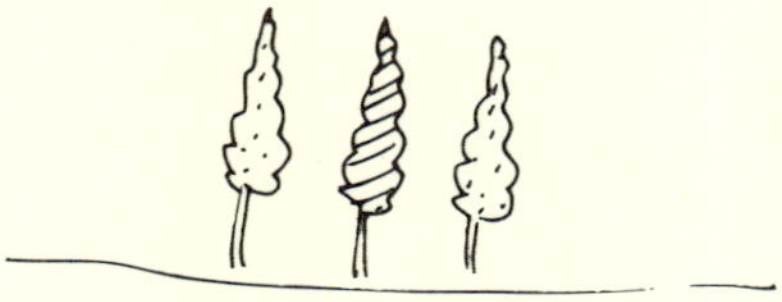

## Muschelsülze

*1 Päckchen gemahlene Gelatine*
*2 Gewürzgurken*
*1 EL Kapern*
*125 g Mayonnaise*
*Salz*
*Pfeffer*
*gehackte Petersilie*
*100 g Muscheln aus dem Glas, naturell*
*2 EL Weißwein*
*1 Zitrone*

Gelatine zum Quellen ansetzen. Gurken und Kapern hacken. Mayonnaise mit Salz, Pfeffer und reichlich gehackter Petersilie abschmecken. Mit den gehackten Zutaten mischen. Abgetropfte Muscheln und Wein dazugeben. Aufgelöste Gelatine unterheben. Eine passende Form mit Klarsichtfolie auslegen. Sülze einfüllen und zugedeckt im Kühlschrank erstarren lassen. Am Abend in Scheiben schneiden, mit Zitronenvierteln garnieren und mit dunklem Brot und Butter servieren.

**Tip:** Die Sülze kann mit grünem Pfeffer und Zitronenschalenstreifen pikant verfeinert werden.

## Pfefferminzüberraschung

Eine kühle Verlockung – belebend, leicht und schnell zubereitet! Auch die Minze ist der Liebesgöttin Venus heilig. Die aphrodisierende Wirkung der Schokolade ist bei uns schon seit dem Mittelalter bekannt.

*250 g Erdbeeren*
*2 Stengel Pfefferminze*
*1–2 EL Zucker, vermischt mit einer Prise Vanillezucker*
*$^1/_8$ l Sahne*
*1 EL Pfefferminzlikör*
*After-Eight-Plätzchen*

Erdbeeren waschen, Stiele und Blättchen entfernen. Mit 1 Eßlöffel Zucker bestreuen. Minzblättchen klein zupfen. Alles gut vermischen und in hohe Gläser füllen. Sahne mit restlichem Zucker steif schlagen, mit Likör anreichern (sie muß giftgrün aussehen), über die Erdbeeren häufen und kalt stellen. Vor dem Servieren mit After-Eight-Plätzchen garnieren.

**Tip:** Die Pfefferminzüberraschung gelingt auch mit Johannisbeeren oder Pfirsichstückchen.

## Pfirsichauflauf

Wenn der Mann Ihrer Träume das Süße liebt, wird der verführerische Duft dieses Auflaufs ihn entzücken. Sie können alles schon tagsüber zubereiten und müssen den Auflauf dann abends nur noch in die Röhre schieben. Während der Backzeit können Sie eine der pikanten Vorspeisen servieren.

*500 g Pfirsiche*
*50 g Butter*
*50 g Zucker*
*½ TL Vanillezucker*
*2 Eier*
*50 g Marzipan*
*50 g gemahlene Mandeln*
*Zimtzucker*
*Mandelstifte*

Backofen auf 220 °C, Heißluft 200 °C, Gas Stufe 3–4 vorheizen.
Pfirsiche abziehen, halbieren, entsteinen. Pfirsichhälften in eine gebutterte Auflaufform legen. Alle übrigen Zutaten schaumig rühren und über die Pfirsichhälften streichen. Mit Zimtzucker und Mandelstiften bestreuen. Im Backofen etwa 30 Minuten überbacken.

**Tip:** Es geht auch mit gut abgetropften Pfirsichhälften aus der Dose.

## Lautlos

Wie liebe ich die Flamme!
Wie liebe ich das Brot!
Wie liebe ich den Wein!
Und sage nicht zur Flamme:
Ich liebe dich;
Und nicht zum Brote:
Ich liebe dich;
Und nicht zum Weine:
Ich liebe dich.

Warum klagen Menschen nach Worten?
Warum es vom Hauche des Mundes erjagen?
Wie die Flamme, die dem Auge leuchtet,
Wie das Brot, das ins Blut rinnt,
Wie der Wein, der uns froh macht,
Wirkt Wesen zu Wesen lautlos:
Ich liebe dich.

Carl Hauptmann

# Notizen  Notizen

# Notizen

# Notizen